SYSTEMWECHSEL JETZT

Markus Schratter:
Systemwechsel jetzt

Alle Rechte vorbehalten
© 2023 edition a, Wien
www.edition-a.at

Cover: Bastian Welzer
Satz: Bastian Welzer

Gesetzt in der Premiera
Gedruckt in Europa

1   2   3   4   5   —   26   25   24   23

ISBN: 978-3-99001-701-2

MARKUS
SCHRATTER

SYSTEM WECHSEL
Jetzt!

Wie wir die Republik
aufs Spiel setzen

*Die letzte Chance zur
Rettung der Demokratie*

edition a

INHALT

Gewidmet

den politischen Parteien der Vergangenheit,
Gegenwart und Zukunft

Vorbemerkung

Das politische System hat sich in den letzten Jahren verändert. Und es wird sich weiter verändern. Zahlreiche Krisen scheinen sich aneinanderzureihen: Wirtschaftskrisen, Arbeitskräftemangel trotz immer größerer Bevölkerungszahlen, Migrationskrisen, Europaskepsis, Wissenschaftsskepsis, Demokratieverdrossenheit und so weiter. Dauernd ist die Rede davon, diese Krisen bekämpfen zu müssen, oder aber sie werden verleugnet. Auf die Idee, dass all dies bloß Symptome und Folgen einer ganz anderen, eigenen Krise sind, kommt man nicht. Die Krise, ja Katastrophe des politischen Systems wird nicht erkannt und nicht thematisiert.

Es handelt sich hierbei um meine persönlichen Betrachtungen und Gedanken zum Staat. Ich habe sie als Staatsbürger niedergeschrieben, als Staatsbürger, der sich immer als *zoon politikon* einer *Politeia* betrachtete und als solcher dem Staat dienen wollte. Irgendein tief verwurzeltes Gefühl in mir hielt mich davon ab, Parteien zu dienen. Es war der Staat, der für mich stets an oberster Stelle stand. So rückte ich nach der Matura im Alter von 17 Jahren als Einjährig-Freiwilliger beim Bundesheer ein. Und stellte mich danach – gegen alle innerfamiliären Sorgen – dem Polizeidienst. Das Jus-Studium begann ich erst mit 25 Jahren. In die Parteipolitik fand ich noch später, mit 34 Jahren. All diese Schritte und Wege ließen mich nicht nur, wie ich es ursprünglich vorhatte, den Staat kennenlernen, sondern völlig unbeabsichtigt auch die Satelliten, die um ihn kreisen und auf ihn wirken: die Parteipolitik, die Wissenschaft, die Universitäten, die Medien und so weiter.

Nach insgesamt fast 21 Jahren Staatsdienst und politischer Beobachtung dominieren in mir zwei Schlussfolgerungen:

1. durch den Dienst für den Staat, mit dem ich mich ja stets identifiziert habe, hatte ich permanent Gelegenheit, mich selbst kennenzulernen und stets kritisch zu hinterfragen (da ja der Staat auch permanent von allen Seiten hinterfragt wird);

2. der Staat (Cicero: Res publica; Platon: Politeia) ist keine Republik, keine Politeia mehr; daran ist aber nicht der Staat (=die Summe all seiner Bürger) schuld.

Meine Betrachtungen sind keine Suche nach Schuldigen der Vergangenheit und Gegenwart oder nach Schuldigen und Verursachern des Status quo. Die Menschen, die an den Schalthebeln der Macht verantwortlich sind, sind ihrerseits systemischen Zwängen unterworfen. So wollen meine Betrachtungen nichts anderes als einen Erklärungsaspekt liefern, warum wir heute dort stehen, wo wir stehen. Damit wir da auch wieder rauskommen. Und zwar, indem wir eine Fortsetzung dieser Fehler nicht zulassen.

Unsicherheit, Machtkampf, Machtverlust, innen- und geopolitische Instabilität und der Niedergang materieller und ideeller Werte haben in politischen Systemen selten zu Demokratisierung, Liberalisierung und Föderalisierung, sondern zu Autokratisierung, Totalisierung und Zentralisierung geführt. Und oft haben die Menschen, die in so einem Veränderungsprozess gefangen waren, diesen nicht erkannt. Und ein anderer Teil wollte nicht, dass man ihn erkennt, weil man sonst ihre Macht und ihre Legitimation zur Macht hinterfragen könnte.

Wem ich für die Möglichkeit, den Staat und seine derzeitigen Akteure wirklich kennenzulernen und darüber Betrachtungen anzustellen, zu danken habe, sagt die Widmung. Ebendort finden sich einerseits die Verursacher von Zu- und Missständen sowie Problemen, wie auch die Urheberschaft für den gegenwärtigen (im Gange befindlichen) Systemwechsel. Andererseits sind in der Widmung jene genannt, bei denen die (letzte?) Möglichkeit für die Bewältigung dieser Herausforderungen liegt, sei es, weil sie die Macht in Händen haben (werden) oder weil wir aus ihren Fehlern in der Vergangenheit lernen können.

Und so widmet sich der Erste Teil den aktuellen und möglichen Entwicklungen und Gefahren. Manche, die ihn gelesen haben, sehen in ihm eine mögliche nahe Zukunft, andere sind fest davon überzeugt, dass es sich um Realitäten der Gegenwart beziehungsweise der nahen Vergangenheit handelt. Für alle aber wirkt er dystopisch. Wie ich diesen Ersten Teil letztlich einordne, geht aus seinen letzten Zeilen hervor. Der Zweite Teil widmet sich den Gefahren der Vergangenheit, die schon mal radikale Systemumbrüche verursacht haben. Der Dritte Teil stellt den Perspektivteil dar. Permanent die im Zweiten Teil umrissenen geschichtlichen Entwicklungen im Hinterkopf behaltend, greift der Dritte Teil bekannte, aber immer öfter ignorierte Leitsätze aus der Staatstheorie und Ethikphilosophie auf. Diese Gesamtbetrachtung half mir im Sinne der Chronologie der drei Teile:

1. die Symptome einzuordnen und zu verstehen, warum wir dort stehen, wo wir stehen;

2. einzuschätzen, was die Zukunft bringen könnte, wenn wir so weitermachen;

3. die Ursachen der Symptome zu erkennen und zu benennen.

Denn die Diagnose ist immer die Voraussetzung für den Heilungsprozess.

Erster Teil:

DAS ENDE EINES SYSTEMS

»Nur weil du dich nicht für Politik interessierst,
heißt das noch lange nicht,
dass die Politik sich nicht für dich interessiert.«

Perikles

Dissident in einer Demokratie

Das ungeprüfte Leben ist es nicht wert, gelebt zu werden. Alles soll hinterfragt werden. Das war die Auffassung des altgriechischen Philosophen Sokrates. Sokrates wurde in einer bestehenden Demokratie zum Dissidenten, weil er die Mächtigen und ihre Motive hinterfragte. Diese »Demokratie« ließ ihn daher festsetzen und zwang ihn, sich mit Gift das Leben zu nehmen.

Dieser erste Teil meiner zusammengefassten persönlichen Betrachtungen und Gedanken ist meine Zwischenbilanz nach mehr als zwei Jahrzehnten politischer Beobachtungen, bei denen mir über zwanzig Jahre Staatsdienst viel erhellt haben. Diese Beobachtungen sind für mich aber nicht nur ein Blick in die Vergangenheit und Gegenwart, sondern vielmehr werfen sie für mich die Frage nach der Zukunft auf. Und mit jedem einzelnen der über zwanzig Jahre wurde mir bewusster, dass sie mir nicht nur Antworten auf die Frage meiner eigenen Zukunft geben, sondern auch auf die Zukunft anderer Menschen, auf die sich das System, für das ich lebe und arbeite und dessen Veränderungen ich direkter und ohne die Filter von »Öffentlichkeitsarbeit« und »Außenwahrnehmung« erleben darf, ebenfalls auswirken wird.

Die Bilanz, meine ersten Gedanken, scheinen im Hier und Jetzt zu beginnen. Immer mehr habe ich das Gefühl, dass Menschen, Medien, Politiker nun erkennen und kundtun, was sich für mich schon vor Jahren angekündigt hat. Etwas, dass ich noch nicht in Worte fassen konnte oder wollte, weil es mich als völlig surreal und absurd abschreckte. Ein Hier und Jetzt, das scheinbar abschreckt und doch nur der Anfang von etwas Neuem sein könnte. Aber auch ein Hier und Jetzt, das neue Wege aufzeichnet, da es inzwischen für viele abschreckend genug ist, dass es offensichtlich Handlungsbedarf erkennen lässt. Es ist also ein Hier und Jetzt, das mir selbst grotesk und nicht real vorkommt. Das aber auch, angesichts seiner endlich offensichtlichen Abschreckung, zu konstruktiven Erkenntnisängsten und somit zu Veränderungsgedanken führen könnte.

> *»Stets gehöre ein Mensch zu den Verfolgten und nicht zu den Verfolgern«*

> Talmud – Bava Kama

Es geht zum Ende

Die Menschen spüren, dass es zu Ende geht. Deshalb sind sie so verhaltensauffällig. Manche sogar wie die Schmeißfliegen im Milchglas. Sie werden immer exaltierter, nehmen sich immer wichtiger, werden immer selbstverliebter, lieben es, jeden Tag vor sich selbst zu posieren, werden aber bei all den schönen Fassaden auch immer skrupelloser anderen gegenüber. Sie spüren, dass sie kämpfen müssen, oder glauben es zumindest. Aber je überschäumender sie werden, desto handlungsunfähiger sind sie, Getriebene ihres eigenen Verhaltens, beschleunigen sie mit ihrem Verhalten die Dynamik der Veränderung. Eine Veränderung, die immer schneller kommt und sich immer weniger aufhalten lässt. Je krampfhafter man versucht, sich der Veränderung in den Weg zu stellen, umso höher türmt sie sich auf. Während die einen immer schneller unsere Welt verändern, sind die anderen wie gelähmt, fast schon im Totstellreflex, in der inneren Emigration, im Burnout, vielleicht auch nur gelangweilt beziehungsweise bemüht, den Frust mit permanentem Feiern durchzutauchen. Auch sie tragen zum Ende bei.

»Es gibt drei Sorten von Menschen: solche, die sich zu Tode sorgen; solche, die sich zu Tode arbeiten; und solche, die sich zu Tode langweilen.«

Winston Churchill

Ist die Demokratie ein Traum?

Man spürt ein Knistern. Jeder spürt, dass sich etwas verändern wird. Jeder spürt, dass sich schon etwas verändert hat. Viele haben ein schlechtes Gefühl, jedenfalls aber ein Gefühl der Unsicherheit oder Ungewissheit. Es kommt etwas Neues. Manche glauben an eine glorreiche Zukunft, man hätte doch schließlich mit seiner Philosophie und Ideologie den Gipfel der Schöpfung erreicht, in der Lage alles und jeden aus der Vergangenheit zu verurteilen und an den Pranger zu stellen. Andere resignieren, viele glauben, dass sie es nicht in der Hand haben, wie die Zukunft sich weiterentwickelt. Einige glauben und hoffen, dass sie etwas verändern können, wenn man nur ihren Drohungen oder Verlockungen endlich Glauben schenkt. In einer Demokratie ist das doch möglich. Wenn man die öffentliche Meinung auf seiner Seite hat, dann kann man etwas verändern. Die Menschen haben dann das Gefühl, dass es um sie geht. Ihre Stimme ist gefragt. Alle paar Jahre dürfen sie entscheiden, wem sie für die nächsten Jahre ihr Vertrauen schenken, um die Dinge ins Gute zu wenden. Man träumt von der Demokratie, in der jeder die Macht hat, etwas zu verändern, freilich in seinem eigenen Sinn. Man liest ja schließlich überall von Demokratie und Menschenrechten und von den politischen Akteuren wird man hofiert. Alle buhlen um einen, überall Tage der offenen Tür und staatliche Institutionen, die einem die lebendige Demokratie, deren Teil man ist, vor Augen führen. Wie könnte dieser Traum denn keine Demokratie sein, wie könnte das denn ein Albtraum sein, in dem alles anders ist als es scheint?

Wird der Traum der Demokratie bedroht?

Und doch hört man schon von allen Seiten, dass dieser Traum bedroht ist. So wie er vor hundert Jahren bedroht wurde, von einer Gefahr, die man nicht gesehen hat, nicht sehen wollte oder schlichtweg verschlafen hat. Man macht sich Sorgen. Bei den nächsten Wahlen? Oder vielleicht doch erst bei den übernächsten Wahlen? Wann wird der Traum der Demokratie ein Ende haben? Um sich davon abzulenken, fokussiert man sich ein wenig auf Symptombehandlung: hier ein paar Tausend Arbeitskräfte mehr, dort ein paar Millionen an Geld mehr und man wird dann schon das Schlimmste abwenden können. Oder einfach noch militanter für seine Gesinnung einstehen. Jeder für die eigene freilich. Noch ist man ja in einer Demokratie, da muss man seine eigene Meinung und Interessen ganz besonders marktschreierisch verkünden. Die Säule der Demokratie steht doch eh noch auf einem soliden Fundament und ist noch tragfähig, die verträgt schon ein wenig untergriffige Angriffe auf andere Menschen, oder?

Vor lauter Träumereien den Albtraum verschlafen?

Ist es gar kein Traum, in dem die Menschen leben, für den es sich zu kämpfen lohnt? War der Traum schon seit geraumer Zeit ein Albtraum, den man nicht wahrhaben wollte? Beziehungsweise mangels persönlicher Betroffenheit nicht bemerkt hat? Wurden längst Menschen an den Pranger gestellt? In Schauprozessen wie einst im Kolosseum den bluthungrigen Massen vorgeführt? In die Erschöpfung getrieben? In den gesellschaftlichen Tod getrieben? In den Freitod getrieben – wie einst Sokrates? Wenn es dann zum Äußersten gekommen ist, dann werden von den einen Nachrufe mit salbungsvollen Worten in tiefer Betroffenheit gestartet. Es werden Etiketten vorgewiesen, damit man als moralisch makellos dasteht. Andere sind noch ärger, sie zeigen sogar offene Begeisterung über das tragische Schicksal von Menschen, die keinen Ausweg mehr hatten.

Die einen sind ja eh glücklich, weil sie sich von ihrer Interessenvertretung oder politischen Partei gut vertreten fühlen. Gewiss, man macht sich Sorgen. Was ist, wenn wir nicht mehr an der Macht sind. Die anderen sind von der Unzufriedenheit abgelenkt. Aber die Unzufriedenheit wird durch die Hoffnung abgemildert, dass wir sicher beim nächsten Mal in der Regierung sind. So kann man sich schön auf reine Machtfragen fokussieren und dabei geflissentlich ignorieren, dass sich manches grundlegend verändert hat: nämlich der Umgang mit Menschen. Und zwar mit Menschen, die anders denken als jene, die an der Macht sind. Es geht nicht um das ganze System des friedlichen Zusammenlebens in einem Gemeinwesen. Es geht um technische Fragen der Macht. Die Auseinandersetzung mit Machtfragen als Selbstzweck ist bequemer, als sich darüber Gedanken zu machen, ob und wie sich unser Gemeinwesen als Ganzes verändert hat und künftig weiter verändern wird. Während man im Traum in der eigenen (wenn auch nur künftigen) Macht schwelgt, kann man in Ruhe den Albtraum verschlafen, wie wir miteinander umgehen, den Albtraum verschlafen, dass die demokratische Republik inzwischen weder Demokratie noch Republik ist.

Was unterscheidet den Staat von einer Räuberbande?

Aber genug von der »hohen Politik«. Wie geht es den Menschen in diesem Traum? Jene, die sich als Staatsbürger fühlten und ein Leben lang Beiträge zum Gemeinwesen geleistet haben. Die kommen plötzlich drauf, dass sie trotzdem Mindestpensionen bekommen, weniger als so mancher, der nicht arbeitet. Dass sie für Schmerzeingriffe und Operationen Monate, wenn nicht Jahre warten müssen. Sie kommen drauf, dass sie mit vierzig Grad Fieber und einer tückischen Infektion, bei der jede Stunde zählt, stundenlang unbehandelt in der Notfallambulanz liegen gelassen werden. Dass sie für die Erstuntersuchung ihres Kindes nach einem Notfall nur mit Intervention, und auch dann erst nach Wochen, einen Termin bekommen. Erfahrene Dienstnehmer kommen drauf, wie Neueinsteiger hofiert, mit allen möglichen Vergünstigungen gelockt werden, während sie selbst bei dreißigjährigen Dienstjubiläen im besten Fall ein zumindest noch druckfrisches Schreiben bekommen. Auch die jungen Neueinsteiger bekommen mit, wie mit den »Alten« umgegangen wird. Viele erfahrene Kräfte werden in die Frühpension, wenn nicht sogar in die Kündigung gemobbt, um der Jugend oder der eigenen Anhängerschaft Platz zu machen. Sie alle und viele mehr fragen sich: ist das noch gerecht?

Was unterscheidet den Staat von einer Räuberbande? Der spätantike Philosoph Augustinus gibt sich in seinem Werk *Der Gottesstaat* die Antwort auf seine Frage gleich selbst: die Gerechtigkeit!

Das Kastensystem

Die Menschen glauben, dass sie in einer egalitären Gesellschaft leben. Tatsächlich leben sie in einer stark geschichteten, also stratokratischen Gesellschaft. Sie leben in einem Kastensystem. Sie glauben, die Adelstitel der Vergangenheit, abhängig vom Zufall der Geburt, überwunden zu haben. Aber sie leben in einer Gesellschaft, die sich neue Adelstitel gab. Adelstitel, die nicht weniger von Zufällen abhängen. Vom Zufall der Geburt, vom Zufall der Zeitressourcen, vom Zufall, entdeckt worden zu sein, vom Zufall, gerade das richtige Alter zu haben, gerade der richtigen Partei anzugehören und anderen Faktoren. In dieser Kastenpyramide sind diejenigen ganz unten, die in jungen Jahren zu arbeiten beginnen mussten, entweder weil sie aus dem Schulsystem gefallen sind, die finanzielle familiäre Situation es nötig gemacht hat oder aber aus freien Stücken, sich bereits in den Dienst der Gesellschaft gestellt haben, indem sie einen Lehrberuf ergriffen und fleißig in die Systeme eingezahlt haben. Über ihnen stehen diejenigen, die durch den Zufall ressourcenkräftigerer Eltern oder Erziehungsberechtigter sowie ihrer eigenen Veranlagung, zum Beispiel von Lern- und Durchhaltevermögen, eine höherbildende Schule abschließen konnten und über so etwas wie eine Matura verfügen. Über ihnen stehen jene, die durch den Zufall noch besserer Ressourcen im obigen Sinn, einen modernen Adelstitel erwerben konnten, wie zum Beispiel »Bachelor«, »Master« oder »Magister«. Aber auch sie sind noch nicht ganz oben, denn durch die Inflation dieser modernen Adelstitel kann es sein, dass man sich auch als Bachelor oder Master irgendwann wird abrackern müssen, um überleben zu können. Aber wer ist denn dann ganz oben, in dieser reichen und selbstgerechten fiktiven Gesellschaft? Die Kaste der Prominenz und der Politik! Sie brauchen nämlich keine der Voraussetzungen der vorgenannten Stufen. Sie brauchen aber ebenfalls den Zufall. Den Zufall, zur rechten Zeit am rechten Ort eingesetzt zu werden, eine politische Funktion zu bekommen. Oder den Zufall, entdeckt worden zu sein und von konventionellen beziehungsweise sozialen Medien zu Stars hochstilisiert worden zu sein – solange die Halbwertszeit solcher Prominenz nicht abgelaufen ist. Es ist in einer Gesellschaft solcher Oberflächlichkeiten daher nicht zuletzt auch eine Frage des Alters. Zwischen welchen Stufen die Geächteten, Verbannten, Abgestürzten, die »C-Promis« stehen, ist in dieser diffusen Gesellschaft nicht ganz klar. Ganz außerhalb stehen sie jedenfalls noch nicht, solange sie sich ökonomisch beziehungsweise mit medialer Präsenz über Wasser halten können.

DAS NEUE KASTENSYSTEM

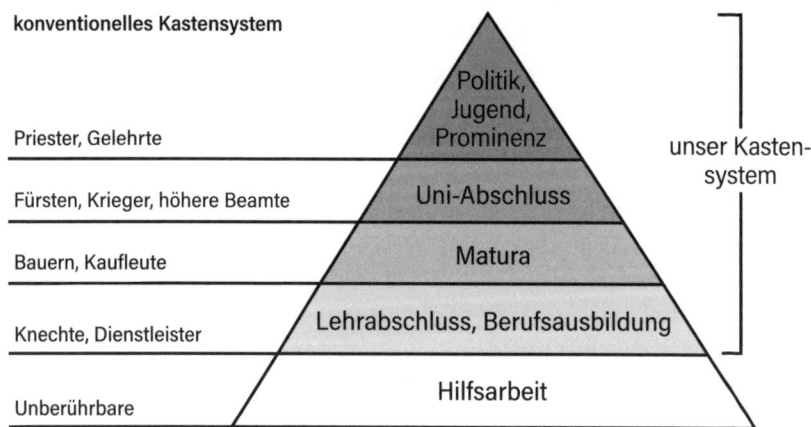

Die Aura der Macht

Es ist eine Gesellschaft, in der der Wanderpokal der Macht
schon noch übergeben wird, mitunter immer unvermittel-
ter und unvorhersehbarer und in immer kürzeren Intervallen, was manche als Zeichen zunehmender Instabilität
werten. Wer diese Macht aber, wenn auch nur kurzfristig,
bekommt, sei es durch ein Mandat im Parlament, eine
Regierungsposition oder einen Parteivorsitz, strahlt, zumindest zu Beginn, eine gewisse Aura der Macht aus. Die
Untergebenen versuchen den neuen Machthabern zu gefallen, um in der Gunst nicht abzustürzen, das Gemeinwesen steht nicht im Vordergrund. Für Kritik von innen
ist da nicht viel Platz. Das gilt für innen. Von außen ist es
das extreme Gegenteil. Der Machthaber möchte seinerseits
gefallen, auch der mediale Verkauf hat Vorrang gegenüber
den Interessen des Gemeinwesens oder gegenüber der Solidarität mit der eigentlichen Machtbasis, den Untergebenen. Nach außen und frecherweise auch nach innen wird
aber eine heile Welt und Interesse an ihrem Wohlbefinden
vorgetäuscht. Wohingegen diejenigen, denen der Machthaber gefallen möchte, immer lauter schimpfen und bei
jedem kleinen Anlass, für den der Machthaber mitunter
gar nichts kann, sofortigen Rücktritt und am besten gleich
auch einen Schauprozess fordern. Es ist also ein Dreieck
der Anbiederung, in dem die jeweilige Einbahnstraße der
Anbiederung ihren Zweck nicht nur verfehlt, sondern sogar konterkariert.

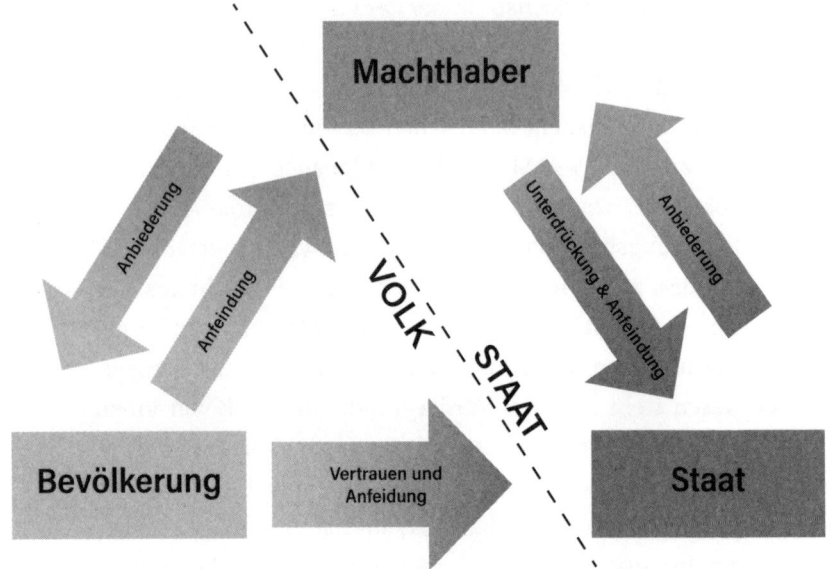

Die Aura der Demokratie

Demokratie ist im fiktiven System der Oberflächlichkeiten voll im Trend. Jeder, der etwas auf sich hält, etikettiert sich mit Demokratie und ihren Errungenschaften wie Freiheit oder Menschenrechte. Mit diesen Begriffen kann man auch verdeckte Absichten kolossal reinwaschen. Denn was ist Demokratie? *Demos* ist das Volk, *kratos* ist die Herrschaft. Es wird also ein Begriff bejubelt und glorifiziert, der eine bestimmte Form der *Herrschaft* beschreibt. Wer sich parteipolitisch engagiert, dem geht es auch um die Mitwirkung an dieser Herrschaft, um die Teilhabe an dieser Macht. In der modernen Massendemokratie hat das ganze Volk gewiss nicht die Herrschaft inne, sondern diese lediglich an Vertreter delegiert. Es ist also eine Regierungs- und Herrschaftsform. Eine Regierungs- und Herrschaftsform also, die zum Selbstzweck hochstilisiert und mit einem Heiligenschein versehen wird, der vielleicht manche blendet, andere verblendet. Denn auch in einer Demokratie gibt es Herrscher und Beherrschte, wobei Erstere die Repräsentanten der Letzteren sind. Die pluralistische, heterogene Demokratie weiß das. Die monistische, homogene Demokratie sieht Herrscher und Beherrschte als Einheit, die einen einheitlichen Volkswillen propagiert, der in einer Erziehungsdiktatur allen aufgezwungen werden kann. Wenn eine Herrschaftsform an sich zum nicht näher erklärten Selbstzweck hochstilisiert wird, kommt es nicht mehr auf Ziel und Zweck dieser Herrschaft an. Sie bedient dann nur mehr sich selbst, sie ist dann auf Erhalt ihrer Herrschaftsinstitutionen aus und fragt nicht mehr nach dem wozu oder nach dem wohin. Sie wird dann zur inhaltsleeren Worthülse, ihre Institutionen wie das Parlament zu einem bloßen Forum des Machterhalts der Akteure, die dort gerade drin sitzen. Eine solcherart blut- und inhaltsleere Demokratie, die keine Strategie, kein höheres Ziel außer sich selbst und auch keine Kraft mehr hat, weil sich die sie beherrschenden Akteure zum Zwecke des eigenen Machterhalts immer mehr zerstreiten, ist in großer Gefahr. Sie kann völlig unhinterfragt derart hochstilisiert werden, als

Selbstzweck gerettet werden zu müssen, dass der eine heilsbringende Retter, der sich findet, sie leicht und mitunter unbemerkt in eine Autokratie mit Scheinparlament umwandeln kann.

Das Privileg politischen Engagements

Wer sind denn diejenigen, die hier die Demokratie und ihre Institutionen beherrschen? Jene, die es dem Zufall zu verdanken haben, dass sie oder ihre Eltern beziehungsweise Erziehungsberechtigten die Ressourcen aufbringen konnten, sich nach Möglichkeit bereits in jungen Jahren politisch und aktivistisch engagieren zu können, Türklinken zu putzen, um einer Partei so sehr zu gefallen, dass sie ihn oder sie in ein parlamentarisches Mandat, ein Politbüro einer staatlichen Institution oder sogar in eine Regierungsposition hievt. Wo dann die Parteiinteressen zu verteidigen sind und nicht vorrangig jene des Gemeinwesens. Oder anders gefragt: wer kommt denn aller nicht in die Politik? Jene, die sich in der Arbeit für andere aufreiben. Sei es aus finanzieller Notwendigkeit, sei es aus Gemeinwohlorientiertheit. Sei es bei der beruflichen oder privaten Betreuung oder Ausbildung von Kindern, bei der Behandlung, (Erst-)Versorgung, Pflege von Patienten, sei es in der Lebensmittel- oder Grundbedarfsversorgung, sei es in 24-Stunden-Diensten auf der Straße im Dienst für die allgemeine Sicherheit oder im Betrieb für die öffentliche Daseinsvorsorge mit Strom, Wasser oder einem funktionierenden Fern- und Nahverkehrssystem. Welche Rolle spielen diese Menschen ohne das (Zeit-)Privileg, sich politisch engagieren zu können, in der Demokratie? Sie dürfen alle paar Jahre ein Kreuz bei einer politischen Kraft machen, in der Hoffnung und dem Vertrauen, dass sie ihre Interessen, die sich täglich für das Gemeinwohl einsetzen, vertritt, und zwar auf Jahre. Aber es sind dann die Parteigünstlinge, die in die Entscheidungsposten gespült werden und dann diesen für das Gemeinwohl arbeitenden Menschen sagen wollen, wo's langgeht. Denn gespielt echte Demokraten sind solche Parteigünstlinge meist nur kurz vor den Wahlen, aber nicht in den paar Jahren danach, da wird dann die Maske zumindest gegenüber den Untergebenen fallen gelassen, da zählt dann das Interesse der Partei, die sie dorthin gespült hat, wo sie sind.

Die Getriebenen

All das ist aber kein Grund diese Parteigünstlinge zu beneiden. Denn sie sind Getriebene. Getriebene der Partei, die eine Gegenleistung erwarten darf. Getriebene ihres eigenen Kadavergehorsams. Im besten Fall Getriebene ihres Loyalitätsbewusstseins ihrem Arbeitsbeschaffer, der Partei gegenüber. Eine freie Meinung im Sinne echter Demokratie ist ihnen nicht erlaubt. Brav müssen sie die Fahnen und Symbole ihrer »Bewegung« zur Schau stellen und diese bei jeder Gelegenheit propagieren. Dank der sozialen Medien ist dies nun noch besser, öfter und aufdringlicher möglich – und: es ist besser kontrollier- und steuerbar. Und wenn diese Getriebenen gar eine hohe Regierungsfunktion bekleiden und getreue Leibgardisten an ihrer Seite haben, dann müssen sie auch noch Erfolge liefern, spätestens bis zur nächsten Wahl, damit die Parteiförderungen auch danach noch fließen. Ideal, dass dann die gesamte Staatsdienerschaft einem immer strengeren und abhängigeren Weisungsverhältnis unterliegt, sodass der ganze Staatsapparat dem Parteizweck untergeordnet werden kann. Aber auch das ist nicht angenehm. Es gibt Beamte und sogar Vertragsbedienstete, die alles genau beobachten und dokumentieren und die den Machthabern und ihren Vasallen den Spiegel vorhalten können. Angesichts der immer dynamischeren Spirale der Fluktuation in den Politbüros, tun sie das immer weniger aus parteipolitischer Motivation, denn aus Staatsräson, erkennend, dass die Machtspielchen gemeinwesenzersetzend sind.

Umklammerung von Staat und Gesellschaft

Parteien werden als zentrale Träger der pluralistischen Demokratie wahrgenommen und auch gesetzlich als solche hervorgehoben. Wie also soll eine pluralistische Gesellschaft mit Parteien umgehen, die sich immer öfter gegenseitig der Korruption bezichtigen. Es ist anrüchig geworden parteinah zu sein. Unter rechnungspflichtige Kuratel sind Parteien bereits gestellt – haben sich dem selbst unterstellt. Aber nicht nur sich stellen sie damit unter Kuratel, sondern auch die Bevölkerung. Menschen, die Parteien unterstützen wollen, müssen bereits bei Bagatellbeträgen in Kauf nehmen, dass ihre personenbezogenen Daten im Parteienzusammenhang nachvollzogen werden können. Das Misstrauen gegenüber Parteien ist also perfekt. Wer wird als erster die Frage stellen, was diese misstrauenswürdigen Parteien dann überhaupt noch im Parlament verloren haben? Aber noch hat sich die Parteiendemokratie nicht selbst abgeschafft. Noch dürfen die Parteien das Parlament als Plattform der Darstellung und Selbstdarstellung, der Debatten und der Streitereien, der Reden und der Entscheidungen nützen. Noch dominieren die Parteien über das Parlament jene staatlichen Institutionen, die den Staat kontrollieren dürfen. Noch sind sie da, die Parteien, überall. Ihre Fäden reichen auch gewaltenübergreifend von der Gesetzgebung in die Verwaltung und in die Justiz. Die neue Gewaltenteilung ermöglicht, dass die nominelle Mehrheit im Parlament auch Regierung, Verwaltung, Justiz dominiert und somit in weiterer Folge auch Wirtschaft und Medien wesentlich beeinflusst. Noch sind sie da, die Parteien. Noch räumen die Parteien nach einer Wahlniederlage freiwillig das Feld der Verwaltung, da sie glauben und hoffen dürfen, dass sie wieder zurückkommen und ohnehin im Parlament weiter dem Machtstreben frönen dürfen. Noch ist es keine plebiszitäre Führerdemokratie.

Politiker als kleingeistige Bürokraten

Es sind also Parteimanager und Menschen, die Parteitürklinken geputzt haben, die von der Parteien Gnaden ins

Parlament oder in Regierungsfunktionen, beziehungsweise deren Politbüros einziehen dürfen. Sie müssen in
Parteikategorien denken, auch wenn sie einen an sich
qualifizierenden fachlichen Hintergrund haben. Die große Veränderung, der der Staat und das System ausgesetzt
sind, sehen sie nicht, wenn es die Machtbasis der Partei
nicht unmittelbar betrifft. Solange die Außenwahrnehmung der Partei nicht getrübt ist, kann alles weiter verwaltet werden, statistische Kleinarbeit geleistet, joviales
Wohlwollen hier und überwachender Tadel da verteilt
werden. Die Staatsverwaltung dient also dem Parteiwohl,
da es aber noch Wahlen gibt irgendwann, muss die Fassade des Gemeinwohlcharakters zumindest aufrecht erhalten werden. Man kann sich daher – jeder in seinem Res-
sort – wunderbar in irgendwelchen Einzelmaßnahmen
verlieren, ohne auf die Idee kommen zu müssen, dass das
gesamte Getriebe mit all seinen Zahnrädern bereits ins
Stottern geraten ist. Man braucht sich keine Gedanken
darüber zu machen, dass der Austausch einzelner Zahn-
räder am Multiorganversagen nichts mehr ändern kann
und ändern wird. Man kann sich hervorragend auf Symptome fokussieren, ohne einen Gedanken an die Ursachen
zu verschwenden.

Politkommissare

Die Erfahrenen sind kritisch. Erfahrung und Kritik sind
keine gute Machtbasis für oberflächliche, opportunisti-
sche und ideologische Günstlinge. Man muss daher al-

les daran setzen, die Erfahrenen, die womöglich auch gar nicht die Parteiinteressen, sondern das Gesamtsystem im Kopf haben, zahnlos zu machen. Pragmatisierungen zurückdrängen, Bestellungen hoher Leitungsfunktionen auf Zeit begrenzen und am besten alle paar Monate neu- und umstrukturieren, um Verwirrung und nicht zuletzt Angst zu stiften: wen wird es als Nächsten treffen. Welche Führungskraft wird als Nächste geköpft, welches Team als Nächstes zerschlagen? Wie in der Russischen Revolution oder im Spanischen Bürgerkrieg braucht es Politkommissare, die überwachen, ob eh alle Führungskräfte dem ideologischen Kult hörig sind. Für das Klima der Angst braucht es einen Scharfmacher, der über Leichen geht. Einen Politmanager, der sich nach außen mit dem Tand schöner Worte schmückt. Eiskalte Absägungen und parteiideologische Umstrukturierungen lassen sich schließlich schön mit Euphemismen, wie betriebswirtschaftlich notwendig oder Transparenz oder Effizienz kolossal verschleiern, sodass der Kern der Absicht zumindest nach außen unsichtbar bleibt.

Wissen Sie nicht, dass Sie mit einem Löwen sprechen?

Für das Klima der Angst brauchen wir wieder die Aura der Macht. Und wenn sich diese mit der Aura der Demokratie legitimieren lässt, umso besser. Und damit ist der Legitimationszusammenhang perfekt: Die Aura der Demokratie legitimiert die Aura der Macht. Die Aura der Macht ermöglicht ein Klima der Angst. Und das Klima der Angst ermöglicht die totale Unterordnung der Interessen, zum Beispiel einer (demokratisch legitimierten) Partei. Und so schließt sich das Dreieck des Legitimationszusammenhangs.

Und so schließt sich auch das Teufelsdreieck (volks-) herrschaftlicher Aura. Die Staatsbürger nützen ihr demokratisches Wahlrecht. Sie statten die politischen Repräsentanten mit politisch-staatlicher Macht aus. Mit dieser Aura der (demokratisch legitimierten) Macht wird Macht ausgeübt. Gegenüber dem Staatsapparat, ob im Gesundheitsbereich, in den Schulen oder bei der Polizei. Wenn diese Macht autoritär und zudem (da es ja um Parteiinteressen geht) skrupellos ausgeübt wird, schafft sie bei den Menschen, die im Gemeinwesen, im *Staat* tätig sind, ein Klima der Angst. Da diese Menschen im Staatsdienst aber keine Kryptoniten von einem andern Stern, sondern selbst Staatsbürger sind, wirkt sich das Klima der Angst, schleichend, aber schließlich doch auf das demokratische System aus, in dem der Staatsbürger der Souverän ist. Das Dreieck volksherrschaftlicher Aura führt somit zunächst schleichend, dann aber, wenn der Machtkampf und der Machtmissbrauch zunehmend offener werden, immer schneller und dramatischer zu einem anderen System.

Ein echter Demokrat – egal, ob mit kommunal-, regional- oder nationalpolitischem Hintergrund – hätte es niemals nötig, einem Untergebenen die drohende Frage zu stellen, ob er nicht wisse, mit wem er redet, vor allem wenn er gerade im ausschließlichen Interesse seiner eigenen Partei handelt. Ein Löwe würde mit solch einer Frage auch niemals seine Autorität unterstreichen.

DAS TEUFELSDREIECK VOLKSHERRSCHAFTLICHER AURA

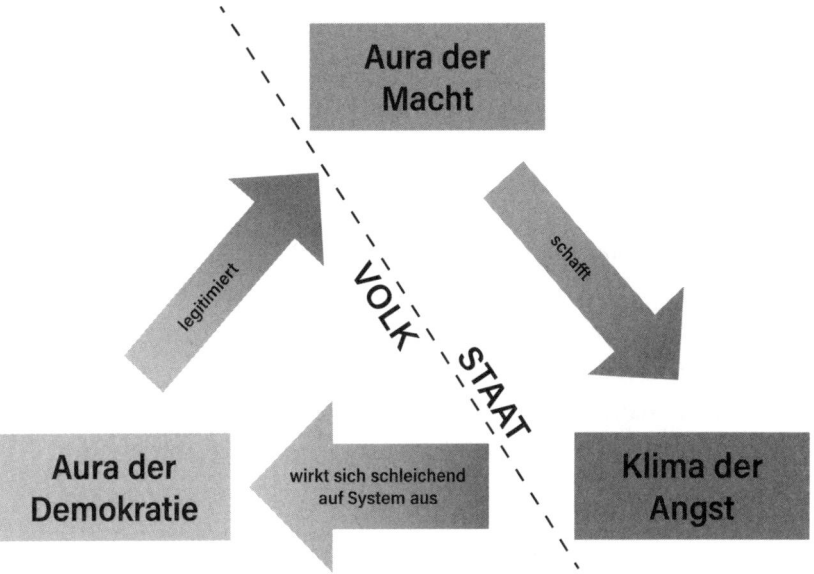

Bürokratie als Nebelgranate

Unser fiktives System beginnt immer grotesker, immer janusköpfiger zu werden. Während nach außen und frecherweise auch nach innen scheinbar immer mehr das Wohlbefinden von Mitarbeitern in den Vordergrund gestellt wird, werden eben diese Mitarbeiter mit immer mehr bürokratischen Schikanen und einer regelrechten Erlassflut drangsaliert. Schließlich brauchen die vielen Personalabteilungen, die eben erst neu geschaffen wurden, um sie gerade noch rechtzeitig mit Günstlingen besetzen zu können, auch eine Daseinsberechtigung. Und als Ablenkung vom Wesentlichen, von inhaltlichen Aufgaben, aber auch von verdeckten Absichten zum Parteiwohl, dient die Flut wertloser Informationen obendrein. Wenn das Offensichtliche nicht erkannt werden soll, dann muss man den Menschen so viele Bäume wie möglich aufstellen. Und wenn man irgendwann wieder wen Unbequemen loswerden möchte, eignen sich die unüberschaubaren Erlässe, die jede Bagatelle zur Staatsaffäre hochstilisieren können, hervorragend. Und wie praktisch ist es da, dass die Innenrevisionen an der ganz kurzen und direkten parteipolitischen Leine hängen. So kann man ausgewiesenen Experten, zum Beispiel in medizinischen Hochqualifikationsbereichen, hervorragend Droh-E-Mails schicken, dass mit Konsequenzen zu rechnen ist, wenn man nicht gendert und die »LGBTIQ«-Linie der jeweiligen (Partei-)Politik mitträgt. Da man seiner Sache aber doch noch nicht ganz so sicher ist, wird am Ende des E-Mails sicherheitshalber auch darauf verwiesen, dass es außerdem untersagt ist, dieses E-Mail weiterzugeben. Scheinbar schlichte Bürokratie wird solcherart nicht nur zum Demotivations-, sondern sogar zum Demoralisierungsfaktor, wenn sie bei jeder Gelegenheit mit Drohgebärden daherkommen muss.

Der Staat als betriebswirtschaftliches Experiment

Während also allüberall Freiheit und Menschenrechte lauthals propagiert werden, wird der Staat immer mehr für betriebswirtschaftlich legitimiertes Machtmanagement missbraucht. Die Parteien als Machtagenturen sehen den Staat als ihr Experimentier- und Betätigungsfeld. In einem solchen System haben wir es mit schwerer systemischer Korruption zu tun. Menschen, die Jahre für eine Partei die Türklinken geputzt und sich unterworfen haben, sollen nun mit schönen Posten belohnt werden. Belohnt werden sie von den Parteien aber mit staatlichen Führungsposten, später dann auch mit Posten in der Wirtschaft. Da die Parteien den Staat und mit ihm auch die Wirtschaft umklammern, ist dies auch ganz einfach. Die Misswirtschaft soll aber nicht allzu offensichtlich sein. Zur Vorbeugung von Fallstricken für die Machthaber und ihre parteipolitischen Leibgardisten, muss der Staat immer strenger mit minutiös-kleingeistigen Erlässen reglementiert werden. Die Parteien wälzen also die Verantwortung für ihr Handeln auf den Staat ab. Verantwortung abzuwälzen ist ja inzwischen schon die Paradedisziplin von Parteien. Das gibt den Machthabern Sicherheit und Kontrolle. Aber der Staat wird solcherart immer handlungsunfähiger, seine Staatsdiener werden zunehmend dazu genötigt, sich nicht nur vor den Machthabern zu fürchten, sondern sogar vor ihrem eigenen Schatten. So wird die tägliche Arbeit im Dienste für die Republik immer mehr und mehr zum Minenfeld.

Manager statt Führungskräfte

Daher werden auch keine Führungskräfte mehr benötigt, sondern lediglich Manager, die in den Machtagenturen sozialisiert wurden oder sich diesen zumindest treu unterworfen haben. Da sie Menschen nicht mehr zu führen brauchen und auch den Staatszweck gar nicht mehr begreifen müssen, brauchen diese Manager auch weder erfahren noch durch die Schule des realen Lebens gegangen zu sein. Irgendeine Akademie sollten sie aber zumindest besucht haben, über irgendeinen Adelstitel der Moderne schon verfügen, damit ihre Bestellung nicht irgendwelche Fragen der Freunderlwirtschaft aufwirft. Diese jungen Manager eignen sich dann umso besser in Werbefilmen schauzuspielen, wie innovativ, jung und mitarbeiterfreundlich das System ist und wie spannend der Dienst. Wer möchte denn nicht bei solch medienwirksamen und aalglatten Testimonials mit scheinbar makelloser Oberfläche Dienst versehen? Nur die (seelisch) Älteren fragen sich, ob die junge Personalleiterin tatsächlich geeignet ist und ob sie weiß, was auch ihr noch bevorstehen wird, wenn sie eines Tages nicht mehr »compliant« im schlechtesten Sinn des Wortes, also steuerbar ist.

Kennzahlen statt Inhalte

Wer bei der Polizei gewisse Zeit im Außendienst war weiß, dass die Amtshandlungen, die den größten fachlichen, kognitiven, menschlichen, sozialen und zeitlichen Einsatz erfordern, jene Amtshandlungen sind, die den geringsten statistischen »Output« liefern, wie etwa speziell sensible Amtshandlungen mit Personen mit besonderen Bedürfnissen. Organmandate und Verkehrsstrafen sind viel besser greifbar. Daher muss sich der Staat, der von wem auch immer genötigt wird, im betriebswirtschaftlichen Sinn »Outputs« zu liefern, stets die Frage stellen, ob er noch Staat im ursprünglichen Sinn des Wortes ist, beziehungsweise ob seine gesetzlich zugewiesene Tätigkeit reiner Selbstzweck ist. Oder ob der Staat, das Gemeinwesen, nicht ein höheres Ziel hat, das gewiss mit bestimmten Grundsätzen wie Sparsamkeit und Wirtschaftlichkeit in Balance zu bringen ist. Das betrifft nicht nur die Polizei, die ohnehin noch jeden Tag versucht, die Ordnung aufrecht zu halten, es betrifft auch die Schulen, die Spitäler, die Wirtschaft und so weiter, die immer mehr zur Bürokratie verdonnert werden. Die Kernaufgaben der jeweiligen Experten in ihrem Bereich kommen dadurch zu kurz, und noch schlimmer: es geht immer weniger um den Menschen – sowohl auf Seite des Dienstleisters als auch auf der Seite des Leistungsempfängers, und das alles nur, damit sich der Dienstgeber auf Statistiken berufen kann, die ihm die Erfüllung betriebswirtschaftlicher Managementkriterien bescheinigen.

Die Entmenschlichung des Arbeitsplatzes

Nun wären all diese Faktoren schon schlimm genug. Denn vieles von dieser Entmenschlichung des Arbeitsplatzes war früher nicht anders. Menschen wurden schon immer in Systemen, die der »divide et impera«-Prämisse folgen, gegeneinander ausgespielt, Günstlinge belohnt, Kritiker bestraft und die Massen zu blenden versucht. Das ist niemandem, der sich mit dem Faktor Macht schon einmal auseinandergesetzt hat, etwas Neues. Aber die nun überall auch auf sozialen Kanälen um sich greifende Vorspiegelung falscher Motive, dass man eh alles nur zum Mitarbeiterwohl macht, ist eine Beleidigung der Intelligenz der Betroffenen. Die müssen sich nun auch noch als Werbemedium eines heuchlerischen Systems einspannen und missbrauchen lassen. Sie müssen mitspielen beim Vorgaukeln einer kollektiven Gummibärchen-Lächeln-Stimmung. Aber viele Menschen in diesem System wissen genau: je mehr »woke-washing« betrieben, je mehr eitel Wonne propagiert und medial davon verkauft wird, umso weniger darf man davon hinter den Fassaden vermuten.

Typisch für ein marxistisches System

Wer ausschert, sich nicht bedrohen lässt, Haltung bewahrt, die Moral nicht dem Herrscherwillen opfert, die Loyalität tugendhaften Menschen gegenüber nicht aufgibt, diese Menschen nicht verrät, gerät in das Zahnrad des Herrschaftssystems, der Machthaber und ihrer Leibgardisten. Wird im besten Fall in irgendein Besenkammerl abgeschoben, im schlimmeren Fall in Depression, Dauerkrankheiten und innere Emigration getrieben und in den schlimmsten Fällen der Korruption bezichtigt, vom ebenso missbrauchten Justizstaat verfolgt, vor jahrelange Verfahren gezerrt, in die Kündigung oder gar in den Freitod getrieben. Während die systemische (Posten-)Korruption munter fortgesetzt werden kann, da Bauernopfer gefunden wurden, auf die sich nun alle fokussieren.

> *»Ein marxistisches System erkennt man daran,*
> *dass es die Kriminellen verschont und den*
> *politischen Gegner kriminalisiert.«*

Alexander Solschenizyn

Auslandswerbung

Als die wachsende preußische Armee im 18. Jahrhundert – noch vor der Einführung der Wehrpflicht – dringend junge Männer, neue Rekruten benötigte, griff man zur Taktik der »Auslandswerbung«, eine Taktik der Verlockung. Süße Versprechungen und Alkohol in rauen Mengen sollten den Menschenfang beschleunigen. Als dann im solcherart geblendeten und vernebelten Zustand unterschrieben wurde, schnappte die Falle zu. Es gab dann kein Entrinnen mehr. Jungen Menschen wird geschmeichelt, sie kämen in eine makellose Institution, wo alles jung, dynamisch und menschlich zugeht. Man wird hofiert, bekommt inzwischen auch Vergünstigungen, man ist gefragt. Doch die jungen Menschen bekommen mit, wie mit den »Alten«, den Erfahrenen umgegangen wird, wie diese teilweise gezeichnet sind, erfragen, dass diese solche Vergünstigungen nie bekamen und auch jetzt nicht bekommen, sie merken den Druck, der auf ihnen lastet, sie erleben die verrechtlichte, bürokratische Sintflut, die sie auch bereits selbst erfasst, auch wenn ihnen die »Alten« noch viel abnehmen und von ihnen abschirmen. Sie bekommen mit, dass nichts so ist, wie es schien und vor allem, wie es verkauft wurde. Sie stellen sich die Frage, wie lange sie selbst noch hofiert werden, sie fragen sich, ob die Entscheidung richtig war.

Die belagerte Stadt

Man will also weg. Die, die drinnen sind, wollen raus. Die, die draußen sind, wollen rein. Man spürt, dass etwas nicht stimmt. Man spürt, dass es eine übergeordnete Kraft gibt, der sich alle unterzuordnen haben. Auch die Jungen sehen, wie die, die arbeiten, die nicht einem Herren mit seinen Partikularinteressen, sondern dem Gemeinwesen dienen, geknechtet werden. Wie ihnen die Arbeit durch Überwachung, Verantwortungsabwälzung, Mobbing, Demütigung und Scheinheiligkeit unerträglich gemacht wird. Sie spüren, dass das System krank ist, sie spüren, dass der demokratische Staat von einer bestimmten Aura der Allmacht umklammert ist. Und sie spüren auf einmal, dass es nicht nur das Problem des Arbeitsumfelds ist. Sondern, dass all dies auch damit zu tun haben könnte, was sich draußen gerade abzeichnet. Sie beginnen zu verstehen, dass sich der geknebelte, umklammerte und handlungsunfähig gemachte Staat auch überall auf die Lebensbereiche der Menschen auswirkt. Sie beginnen das gesellschaftliche Multiorganversagen zu begreifen. Sie spüren, es muss sich was ändern, aber sie merken auch – bei den kleingeistigen Bürokraten, die die Systeme als Politiker beherrschen – dass es keine Stelle gibt, die das interessiert. Die Richtung stimmt, der Politzirkus kann so weitergehen wie bisher. Man hofft auf Regierungswechsel, im Glauben, dass es besser wird. Aber die »Alten« wissen, dass Regierungswechsel dem System keine Beachtung geschenkt haben, sondern nur Machtfragen, wie zum Beispiel der Veränderung der Organisation für Postenbesetzungen.

Generation Drehtür

So verwundert es also nicht, dass eine Generation, die mehr als alle anderen zuvor, in den Schulen und mehr noch an den Akademien dazu erzogen wurde, an sich selbst zu glauben, Autoritäten, insbesondere staatliche, zu hinterfragen und der Höhepunkt der Schöpfung zu sein, der alles bisher Dagewesene anklagen darf, dieses System nicht lange aushält. Innerhalb der Institution werden Arbeitsplätze in kurzen Abfolgen gewechselt, erst recht aufreibende, wie zum Beispiel Ballungsraum-Polizeidienststellen, aber auch weniger aufreibende. Um sich selbst zu verwirklichen verlässt man auch wieder den Staatsdienst, der vor gar nicht so langer Zeit einmal als »sicher« galt. Bei Bewerbungsgesprächen war man ja als gefragte Generation noch der Überzeugung, dass man als moderner, dynamischer, junger und/oder gar »diverser« Mensch das angeblich so schlechte Image des Staates in Ordnung bringen würde. Und dann landet man in der Realität, man erlebt, wie man von bestimmten Kasten aus dem Bereich der Wissenschaft, der Politik, der Medien und mitunter von nunmehr noch jüngeren Generationen für seine Arbeit nicht wertgeschätzt wird. Man erlebt Diskriminierung aufgrund der Zugehörigkeit zu einer bestimmten sozialen Gruppe, man erlebt Neid und Verachtung von Menschen, die nie in diesen Mokassins gegangen sind. Man erlebt Verantwortungsträger und Machthaber, die sich aus Gründen des Machterhalts distanzieren oder handlungs- und gestaltungsunwillig zeigen. Und man muss erkennen, dass der Staat selbst nie das Problem war, sondern die Interessen, die die jeweiligen Akteure aus den verschiedensten Bereichen zu ihrem Eigennutz an ihm hatten. Aber dass immer mehr Junge (wenn auch nur in die innere Emigration) wieder gehen, macht auch etwas mit den Erfahrenen.

Die Demoralisierung der Erfahrenen

Die demoralisierten Erfahrenen ziehen sich indes auch zurück. In die innere Resignation oder in den Wartezustand. Sie sehen keinen Grund, sich noch für etwas einzusetzen, geschweige denn sich weiterzubilden, wenn etwa der beste Platz, um Karriere im eigenen Haus zu machen, jeder andere Platz, nur nicht in diesem Haus war.

Irgendwann wird es einen Regierungswechsel geben, irgendwann wird alles anders. Vielleicht schnell auch noch irgendwo parteipolitisch engagieren. Und dann, ja dann, wenn wir an der Macht sind, dann wird alles anders. Doch es bleibt alles gleich. Köpfe rollen vielleicht. Aber das System bleibt gleich, obwohl es sich unbemerkt bereits verändert hat. Aber nicht zum Guten, sondern um Macht wird nun noch skrupelloser gekämpft, Rache fällt noch offener aus und Menschen werden noch leichtfertiger gedemütigt. Und das Image des Staates wird weiter verschlechtert. Es braucht nun Antikorruptionsstrategien, es wird ein Bild genereller Staatsdienerkorruption skizziert. Die ganze Auslandswerbung greift nicht mehr, wenn man den Jungen schöntut und gleichzeitig die in der belagerten Stadt so darstellt, als gäbe es ein generelles Korruptionsproblem. Bagatellen seitens der Beamten werden zu großen Staatsaffären erklärt, über die auch die Medien groß berichten. Und dann wundert man sich über das Imageproblem? Warum? Es ist im Sinne von »divide et impera« und im Sinne von Verantwortungsablenkung konstruiert. Da nützen dann all die schönen Werbevideos, selbstdarstellenden Beiträge in sozialen Medien und die ganze Auslandswerbung nichts mehr. All dies lenkt aber gut von der systemischen Korruption, dem Machtmissbrauch der Machthaber ab. Das Schreckgespenst der generalisierenden Kriminalisierung der kleinen Leute geht um. Die Zweiklassenjustiz bekommt ein Gesicht: einerseits die Kriminalisierung von Klein- oder Nicht-Delikten und andererseits der fehlende Kläger und daher fehlende

Richter bei den systemischen, organisierten, mafiösen Handlungen, die den Staat zersetzen.

In einem System der kollektiven Demoralisierung braucht es immer mehr Fassaden. Klausuren, Wandertage sind *in*, um von der Dysfunktionalität abzulenken und ein System von Wohlbefinden, Gemeinsamkeit und Zusammenhalt vorzuspielen. Es fühlt sich nicht mehr *echt* an, gewiss nicht für jene, die sich inszenieren, erst recht nicht für jene, die bedroht wurden und nicht einmal mehr für jene, die sich arrangiert haben. Die Fassaden werden von allen als *falsch* wahrgenommen.

Gelbe Gewerkschaften?

Zum Glück gibt es ja noch Gewerkschaften und Personalvertretungen. Sie geben einem das Gefühl, dass man nicht allein dasteht. Man wird bei der Neuaufnahme fast ebenso umworben wie vom Dienstgeber vor der Aufnahme, kann Geselligkeit bei Partys erleben und bekommt tolle Newsletter. In den sozialen Medien kann man die Geschäftigkeit und die Kontakte zur hohen Politik mitverfolgen. Am Valentinstag gibt es Blumen und vor den Wahlen – Moment einmal, das ist ja fast so wie bei Parlamentswahlen – wird man umschwärmt. Man ist gefragt. Und dann erlebt man, wie Menschen vom System fertiggemacht werden. Ausgetauscht, abgesetzt, gemobbt, oder gezwungen, der Jugend oder jemandem von außen Platz zu machen – mit dem Euphemismus einer betriebswirtschaftlich unbedingt nötigen Organisationsänderung.

»Für uns passt des!« hört man, falls man überhaupt noch etwas hört oder wen sieht. Etwas sieht man dann doch noch: wie Funktionäre von der Organisationsänderung profitieren und zu leitenden Beamten aufsteigen. Ein Schelm, wer da an einen Kuhhandel denkt...

Die Flutung mit Opportunisten

Von der Standesvertretung der Mitarbeiter also unbehelligt, geht es fröhlich weiter mit dem Austausch der Führungsschicht im Interesse des Machthabers. Im Haus finden sich dann irgendwann immer weniger, die das Spiel mitmachen. Jetzt beginnt man im großen Stil von außen anzuwerben. Die am besten Geeigneten und Erfahrensten kommen jetzt von außerhalb. Sie kommen und reden groß, können sich dann gar nicht mehr erinnern, wie sie zu Beginn freundlich empfangen und gebrieft wurden. Dafür ist auch keine Zeit, jetzt muss endlich aufgeräumt und umstrukturiert werden. Die neuen Besen kehren ja auch ganz gut. Sie wissen leider nicht, wer die nächsten sein werden, die weggefegt werden.

»Heute sind wir es, morgen werdet ihr es sein.«

Haile Selassie, Kaiser von Äthiopien nach
dem brutalen Einmarsch Mussolinis

Auf Wanderschaft

Lange bleiben sie also nicht. Sie folgen stets ihren parteipolitischen Förderern. So sparen sie sich also auch stets
die Mühsal, sich auf andere Machtverhältnisse einstellen zu müssen und sind stets in der Komfortzone. Umso
größer müssen sie ihre eigene Schwäche gegenüber den
Starken mit Präpotenz überdecken. Sie bleiben immer in
der gleichen Situation. Müssen nicht kämpfen, müssen
nicht denken, bleiben stets parteigesteuert und »compliant«, also steuerbar für die Partikularinteressen der
Macht. Da sich die Verhältnisse parteipolitischer Macht
in Zeiten von Krisen und schrittweisen Systemumbrü-
chen in immer kürzeren Intervallen verändern, müssen
sie immer öfter weiterwandern und ihr gewohntes Spiel
von Neuem beginnen. An einem Ort, an dem sie nie Erfahrungen gesammelt hatten, in einem Bereich, in dem
sie sich wenig bis gar nicht auskennen. Dafür macht
sich das aber im Lebenslauf schön, dass man in so vielen verschiedenen Institutionen gearbeitet hat – wenn
auch nur ein paar Monate. Wo sie aber hinwandern und
ihre Spur setzen, verursachen sie Chaos und ein Klima
der Missgunst und der Angst, das sich freilich nicht
positiv auf Moral und Produktivität auswirkt. Ein stabiler Staat mit Kontinuitäten ist so freilich nur schwer
zu realisieren.

Beamte als Staatsmänner

Nicht alle Erfahrenen resignieren. Viele beobachten genau die Entwicklungen, aus den hinteren Reihen, da hat man eine distanziertere, bessere Sicht. Man weiß inzwischen, dass Neustrukturierungen ihre eigenen Kinder fressen, nimmt die Spielchen daher auch nicht ernst. Man kann versuchen, für das Gemeinwesen zu arbeiten, die Störfaktoren des Fieberwahns der Partei- und Besetzungspolitik zu ignorieren, auch wenn es mit jedem Machtwechsel aufreibender wird und man sich doch irgendwie in der Rolle des Sisyphos oder in der Hauptrolle in *Und täglich grüßt das Murmeltier* wiedererkennt. Aber ein stabiles Gemeinwesen braucht Kontinuitäten gegenüber den Wilhelms, den Plötzlichen. Deshalb setzen sich die Erfahrenen trotz aller Erfahrungen weiter ein, denn sie wissen, wenn sie nicht mehr da wären, wären die Konsequenzen für die Menschen draußen noch schlimmer. Wenn der Steuermann des Schiffs beim Unwetter beginnt, die Erbsen zu zählen, dann müssen die Ruderer zusätzlich auch noch das Steuer übernehmen. Das ist der Moment, in dem man erkennt, wie Beamte zu Staatsmännern werden.

Der Radikalparlamentarismus

Wenn man wirklich demokratisch, im Sinne von Gerechtigkeit, Moral, Respekt und Empathie denkt, dann dürfte dieser Traum von *Demokratie*, der in Wahrheit ein Albtraum ist, an dieser Stelle gerne schon zu Ende sein. Aber es geht weiter, es gibt noch kein Erwachen. Man muss sogar befürchten, dass dies erst der Anfang einer möglichen Horrorgeschichte ist. Also weiter, damit wir fertig werden:

Die Machtagenturen sitzen also nicht nur in den staatlichen Institutionen, die für unser Gemeinwesen so wichtig sind, zuständig für Bildung, Gesundheit, Sicherheit, Daseinsvorsorge und vieles mehr. Sie sitzen in diesem System auch im Parlament. Dem Parlament kommt in einer parlamentarischen Republik die Rolle zu, die Bevölkerung zu repräsentieren. In diesem System des skizzierten Albtraums einer Staatsform, in der alle herrschen, um ihre eigenen Rechte durchzusetzen, sitzen also die Parteien noch im Parlament. Sie sind längst Teil des Machtkampfs »Jeder gegen jeden« geworden und ahnen, dass in einer Welt, in der alles kriminalisiert wird, auch ihre Tage bereits gezählt sein könnten. Misstraut wird ihnen ja bereits. Überall ist es bereits anrüchig, »parteinah« zu sein. Nur im Parlament (noch) nicht. Auch wenn man sich (nicht nur) dort besser auch schon nicht mehr als Partei bezeichnet, sondern zum Beispiel »Bewegung«, offenbar nicht wissend, dass einst München »Hauptstadt der Bewegung« war. Es ist auch ein Glück, dass der Begriff Demokratie gerade überall unhinterfragt und nicht kontextualisiert hochgejubelt wird. Denn die Menschen verbinden mit Demokratie vorrangig das Parlament. Nicht die Justiz. Nicht die Verwaltung. Und paradoxerweise auch nicht den Staat. Also das

Parlament. Wer in diesem sitzt, ist daher gerade hoch im Kurs, hat es geschafft. Hier gibt es Macht in Reinkultur. Hier verfügt man über Helfershelfer, die die Verwaltung, die Justiz, schlichtweg den ganzen Staat kontrollieren und kritisieren dürfen. Hier darf man selber alles im Staat hinterfragen. Und dies auch immer offensiver – aus parteitaktischen Gründen ganz wichtig. Man darf an die Öffentlichkeit gehen, man darf die Stimmung aufheizen, man darf – zumindest hier drin – sogar gegen die Regeln verstoßen, die man selbst mitbeschlossen hat. Man genießt Immunität. Wer hat das schon in dieser Demokratie? Man kann ohne jede Vorbildung, gemäß den unteren Stufen des Kastensystems, ohne jede ethisch-moralische Befähigung und ohne jeden Respekt den Mitmenschen gegenüber Aktionen setzen, für die man in einer anderen Staatsgewalt sofort entlassen werden würde. Man kann kolossal hetzen, die anderen Staatsgewalten, also den Staat und all die Menschen, die sich für ihn, das Gemeinwesen jeden Tag, jede Nacht einsetzen, desavouieren. Man kann so wunderbar zu der Entmenschlichung der Arbeitsplätze beitragen, indem man noch mehr Überwachung, generalisierende Kriminalisierung und Verfolgung von Menschen fordert. Die Parteien, die im Parlament eine Mehrheit bilden, haben den vollen Einfluss auf die Verwaltung und, über die Weisungsgebundenheit der Staatsanwaltschaften, auch maßgeblich auf die Justiz, von den gewaltenübergreifenden Parteinetzwerken noch ganz zu schweigen. Die Kontrolle dieses Parlaments trifft auch nicht die Machthaber der anderen

Staatsgewalten, sondern die »kleinen«, fleißigen, für das Gemeinwohl arbeitenden Leute. Man bekommt das Gefühl, als wäre der ritterliche Grundsatz »Den Schwachen zum Schutz, den Starken zum Trutz« völlig ins perverse Gegenteil verkehrt worden.

»Alles wäre verloren, wenn ein und derselbe Mann oder dieselbe Körperschaft der Fürsten, des Adels oder des Volkes diese drei Gewalten ausübte: Gesetze zu erlassen, sie in die Tat umzusetzen und über Verbrechen und private Streitigkeiten zu richten.«

Charles Louis de Montesquieu

Die Regierungsdiktatur

Die Menschen bekommen das Gefühl, dass jene Parlamentsparteien, die sich auf eine gemeinsame Mehrheit einigen können, nun auch in den staatlichen und Regierungsinstitutionen ungehindert schalten und walten können. Während die Bevölkerung und die Staatsdienerschaft gedemütigt, vorgeführt, belehrt, immer pauschalisierender der selbstverschuldeten Armut, Kriminalität und Korruption bezichtigt werden, perlt an der eigenen makellosen Fassade jeder Vorwurf ab. Die Menschen wissen, dass nicht der Staat ein Korruptionsproblem hat, sondern die politischen Machthaber, die sich bereits als öffentliche Ankläger aufspielen. Regieren scheint zum Selbstzweck des Machterhalts verkommen zu sein. Man taucht jede Krise durch. Bei inhaltlichen Inkompatibilitäten kann man sich wenigstens gemeinsam darauf verständigen, durchzutauchen, aus reinen Machtgründen, denn: nie mehr wieder wird man über so viele Parlamentssitze und die damit verbundenen Parteiförderungen verfügen. Das politische System scheint den Menschen, als handle es sich um eine alle paar Jahre gewählte Regierung, die in ihrer Amtsperiode unbehelligt schalten und walten kann. Es riecht schon verdächtig nach einer plebiszitären Parteiendiktatur.

Der Justizstaat

In diesem ausgebrochenen Machtkampf sucht die dritte Staatsgewalt ebenfalls nach Möglichkeiten, noch eine Rolle im Staat zu spielen, und nicht bloß Routinefälle von der Stange abzuarbeiten – denn die Instabilität artikuliert sich auch im Anstieg der Be- und Überbeanspruchung der Justiz. Auch hier sucht man bereits verzweifelt mit massenmedienwirksamen Methoden nach Unterstützung. Die öffentlichen Ankläger sind ja bereits in offensichtlicher Regierungsabhängigkeit, da wird es auch schon einigen zu blöd, sie gehen. Sonderstaatsanwaltschaften versuchen ein Gegengewicht zu bilden, zum Glück sind die Regierungsparteien auch schon zerstritten und noch gibt es daher Gestaltungsräume gegen die politische Korruption vorzugehen. Die Unabhängigkeit der Richter wird aber auch nicht mehr als das wahrgenommen, was sie einmal war. In den Vertrauenszahlen stürzen nicht nur Parlament, Regierung, Opposition unter den Nullpunkt, auch die Justiz, Rechnungshof und andere »Kontrollinstanzen« erfahren allmählich die Dimension staatlichen Vertrauensverlusts. Institutionen, die nicht müde werden, in immer neuen Berichten von der Stange alles und jeden in diesem Land zu kritisieren, werden sich vielleicht selbst einmal die Frage gefallen lassen müssen, wer denn sie kontrolliert und was denn tatsächlich die Kosten, die Nachhaltigkeit und der Mehrwert dieser permanenten Prüfungen und Kritiken sind. Ob so viel Kritik, die zu nichts führt, aber Menschen, die arbeiten demoralisiert, im Sinne des Staates wirtschaftlich, zweckmäßig und sparsam ist? Vor allem wenn die verantwortlichen Machthaber, die kommen und gehen, die Verantwortung stets auf den Beamtenapparat, der bleibt, abwälzen und selbst wie bisher weitermachen können.

Bemerkenswert in diesem System ist, dass jene, gegen die von Politik, Medien und den lauthals schreienden Teilen der Gesellschaft am stärksten gewettert wird, in den Vertrauenswerten ganz oben stehen: Polizei und Militär. Sie werden offenbar nicht mehr als Teil des politischen Systems wahrgenommen. Vielleicht, weil sie bei den Menschen sind und es ihnen nicht um Macht, sondern um Pflichterfüllung für die Allgemeinheit geht?

VERTRAUEN IN INSTITUTIONEN

APA-OGM-Vertrauensindex – Saldo aus »Habe Vertrauen«
und »Habe kein Vertrauen zu …«, Angaben in %,
Juli 2022, Veränderung gegenüber 2021

Institution	Wert	Veränderung
Polizei	55	+2 ↗
Bundesheer	52	+20 ↗
Arbeiterkammer	50	+6 ↗
Universitäten	42	+3 ↗
Verfassungsgerichtshof	41	-4 ↘
Rechnungshof	37	-4 ↘
Schulen	34	+7 ↗
Bundespräsident	32	-9 ↘
Finanzämter	27	-4 ↘
Statistik Austria	27	+4 ↗
Krankenkassen	25	+1 ↗
Staatliche Pensionsversicherung	24	+3 ↗
Gemeinderat meiner Gemeinde	22	+1 ↗
Gewerkschaftsbund	18	-1 ↘
Nationalbank	14	-4 ↘
Arbeitsmarktservice	12	-9 ↘
Justiz	12	+3 ↗
Jugendämter	1	-4 ↘
Wirtschaftskammer	-1	-13 ↘
Regierung meines Bundeslandes	-2	-16 ↘
Landwirtschaftskammer	-2	-6 ↘
Finanzmarktaufsicht	-4	-5 ↘
Parlament	-10	-14 ↘
Opposition	-11	-6 ↘
Banken	-15	-2 ↘
Industriellenvereinigung	-16	-7 ↘
EU	-18	-13 ↘
(katholische) Kirche	-27	-8 ↘
Versicherungen	-30	-7 ↘
Medien, Verlage	-31	-11 ↘
Regierung	-34	-17 ↘

933 Online-Interviews, Schwankungsbreite +/- 3,2%

Quelle: APA/OGM

Das oligarchisch-elitäre Dreieck

Das politische System mit seinen Teilgewalten wird also nicht mehr als gewaltenteilendes System wahrgenommen, sondern als Mischform eines Radikalparlamentarismus, in dem die Parlamentsparteien alles kontrollieren, einer plebiszitären Regierungsdiktatur, in der die stärksten Parlamentsparteien den Staat für ihre Zwecke umklammern, und einem Justizstaat, der in den Gewaltenkämpfen aufgerieben wird. Alle drei Gewalten funktionieren nach dem Zweiklassensystem. Wenn es um die Macht der Parteien an sich geht, spielen die Machthaber dieser drei Gewalten mehr oder weniger zusammen. Auch wenn es um die Zersetzung des Staats oder die Blendung und Demütigung der Bevölkerung zu Gunsten der Parteien geht – dafür ist halt ein Preis zu zahlen –, halten sie, die Machthaber dieser Gewalten, zusammen. Ansonsten dominiert die scheinbar einzige wahre Gewaltenteilung im Staat: die Zerstrittenheit der Parteien. Aber noch funktioniert das oligarchisch-elitäre Dreieck der Machthaber. Es erfüllt seinen Zweck des generellen Machterhalts der Machtagenturen. Unverständlich, warum da bereits über vierzig Prozent der Bevölkerung einen Systemwechsel fordern.

> *»Daher sei der Bestand des Staates noch nie*
> *von Dauer gewesen, wenn die Senatoren die*
> *Macht übernommen hätten.«*

Marcus Tullius Cicero

DAS OLIGARCHISCH-ELITÄRE DREIECK

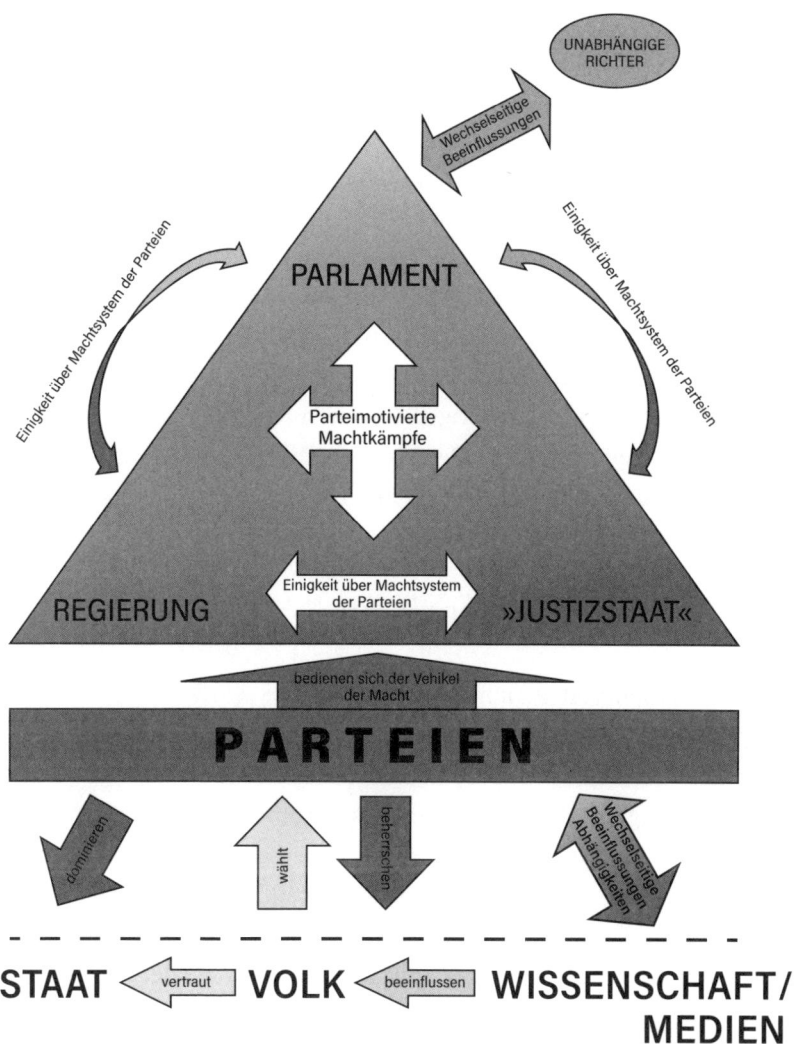

Schauprozesse – an gebrochenem Herzen gestorben

Und so beginnt man, nun Schauprozesse zu führen oder führen zu lassen. Um vom Selbstzweck des politischen Systems abzulenken, dem Machterhalt. Man findet Bauernopfer, die an allem schuld sind. Wenn diese medienwirksam an den Pranger gestellt und entfernt wurden, dann kann alles weitergehen wie davor. Die Menschen, die bei diesen jahrelangen Prozessen auch medial durch die Gassen getrieben werden, sind – auch wenn sie früher Teil des Systems des Machterhalts waren – politische Opfer. Die von ihren einstigen Gönnern und/oder Nutznießern geopfert werden. Der Zweck heiligt dabei die Mittel. Wenn sie daran nicht nur mental zerbrechen, sondern sogar sterben, dann sind es politische Todesopfer.

Das große Distanzieren

Getrieben von Parlamentsanfragen und Kritik von parlamentsabhängigen Kontrollinstanzen, beginnen die Machthaber der staatlichen Institutionen nun mit Anordnungen, sich von allem, was irgendwie Parteinähe haben könnte, zu distanzieren. Sicherheitshalber gleich überhaupt von der ganzen privaten Wirtschaft, weil ja überall eine Parteinähe unterstellt oder konstruiert und medial verbreitet werden könnte. Blöd nur, dass der Staat von ebensolchen Partei-Machthabern in der Vergangenheit immer mehr und mehr von außen abhängig gemacht wurde und verrechtlichte Reglements eine innere Handlungsunfähigkeit verursacht haben. Wer nun in der Beamtenschaft noch versucht, etwas zu schaffen, was nicht nur den Parteiinteressen dient, wird ausgebremst. Wer sich bewegt, wer Verantwortung übernimmt begibt sich in Gefahr zur Verantwortung gezogen zu werden. Haltung zu bewahren und für das Richtige einzustehen ist in Zeiten, wo sich alle von jedem distanzieren, auch nicht gerade in Mode. Bereits seit geraumer Zeit musste sich der Staat auf Initiative der Parteimachthaber auch von sich selbst distanzieren. Weil man weder begriffen hat, was der Begriff *Staat*, noch was der Begriff *Politik* bedeutet und wo diese Begriffe herkommen. Man hat sich als Machthaber also jenen angebiedert, die den Staat – in ihrem falschen Verständnis und in ihrer Geschichtsunkenntnis – als etwas per se Böses gesehen haben. Diese Anbiederung ist jetzt auch mit allem falsch verstandenen Etatismus nicht mehr rückgängig zu machen.

Die Machtagenturen kreisen um sich selbst

Da sie nun also den Staat seit geraumer Zeit mit staatsfeindlicher Politik und Rhetorik zunehmend zersetzt haben, kreist man um sich selbst. Doch nun ist man selbst an der Reihe, nun rücken die Parteien in den Fokus der Kritik. Immer offener erkennt man das System der Machtagenturen und immer mehr fragt man sich, welche Alternative man bei den Wahlen eigentlich noch hat. Man spürt die Vorboten eines Einparteiensystems: allen geht es nur um Macht, um Posten für ihre Günstlinge, um möglichst viele Stimmen für Parteienförderungen, manchen zusätzlich auch noch darum, ihre Ideologien zum moralischen Höhepunkt zu stilisieren und durchzusetzen. Manchen geht es aber mitunter nicht einmal mehr darum, wenn der Verzicht der Preis dafür ist, an der Macht bleiben zu können, um mit Parteisteuern möglichst lang die Verschuldung der letzten Wahlen ausgleichen oder die Mittel für die nächsten Wahlen eintreiben zu können. Ein heikles Spiel, wäre es ja nicht das erste Mal, dass irgendwer daherkäme und das politische System als dringend abzuschaffenden »Parteienstaat«, das Parlament der streitenden Machtagenturen als »Quatschbude« bezeichnen oder die Notwendigkeit propagieren würde, die Parteien aus dem Parlament zu werfen. Es wäre nicht das erste Mal, dass sich immer weitere Schichten die Frage stellen, ob es nur eine Krise der Parteien, des Parlamentarismus oder des ganzen politischen Systems ist.

Ich bin keine Partei

Die Parteien zerfleischen sich gegenseitig. Regierungsfähige Mehrheiten werden immer schwieriger. Die ganze Regierungsperiode in konstruktiver Kooperation durchzuhalten wird noch schwieriger. Parteien, die begriffen haben, dass die Parteiendemokratie den Anfang vom Ende erreicht hat, beginnen mit einem neuen Narrativ: »Wir sind gar keine Partei. Wir haben mit diesen abgehobenen Machtagenturen nichts zu tun. Uns geht es ums Volk, nicht ums Establishment. Wenn ihr uns wählt, wählt ihr keine Partei, sondern Ordnung, den Volkswillen, den Staat!« Wenn solche Parteien dann aber mit ihren Machthabern ins Parlament und in die Regierungsinstitutionen einziehen, ist nichts anders. Der Machtwechsel bewirkt keinen Systemwechsel, es geht alles weiter wie zuvor. »Gestern waren wir es, heute seid ihr es.«

Die Autokratie der Vielen

Während die Machtagenturen nun weiterhin mit sich selbst, ihrer Macht und der Postenbeschaffung beschäftigt sind, wird das Land weiterhin nicht regiert, nicht weiterentwickelt. Der Steuermann zählt die Erbsen, während das Schiff im Sturm schon Schlagseite bekommt. Die Menschen an Bord spüren, dass niemand mehr das Schiff steuert und dass sich die Ruderer ums Steuer streiten. Langsam bricht das Chaos aus. Der von den Parteien umklammerte Staat ist gerade noch gut darin, Steuern einzutreiben – bei denen, die auch brav arbeiten, und vielleicht Verkehrssünden zu bestrafen – bei den Autofahrern, weil Radfahrer sich ohnehin im rechtsfreien Raum bewegen. Bei der Sicherheit, immerhin einer zentralen Schicht der Maslowschen Bedürfnispyramide, beginnt der umklammerte Staat zu versagen, weil ihm die Kräfte ausgehen. Die Menschen spüren, dass sich das friedliche Zusammenleben in eine Ellbogengesellschaft zu verkehren beginnt. Sie bekommen mit, dass Messerattacken auf offener Straße ebenso wie Frauen-, aber auch Männermorde wieder zunehmen. Die Menschen spüren, dass stets gerade im Trend ist, was lauthals herausgeschrien wird. Sie spüren, dass dabei jene im Vorteil sind, die stark sind, die die Kraft und die (zeitlichen) Ressourcen haben, laut zu schreien und in der öffentlichen Wahrnehmung omnipräsent zu sein. Sie spüren, dass es nicht jene sind, die noch immer täglich versuchen das Zusammenleben am Laufen zu halten, in den Schulen, in den Spitälern, an den Supermarktkassen, bei der Polizei. Die Menschen spüren, dass der Begriff Demokratie immer mehr missinterpretiert wird. Sie spüren immer mehr, dass es den Lautesten darum geht, dass die Demokratie im Sinne ihrer Partikularinteressen herrscht. Noch mehr Rechte für jene, die am lautesten schreien. Noch mehr Pflichten für jene, die ohnehin keine Luft mehr zum Atmen haben. Noch mehr Rechte für jene, die nur an sich, ihren Einfluss, ihre Macht denken. Noch mehr Rechte für jene, die jeden Tag in sozialen Medien selbstverliebt omnipräsent sind (und noch die Kräfte dafür haben). Noch mehr schrankenlose Freiheiten für einen selbst. Die Demokratie ist zur *Selbst*herrschaft geworden, zur *Autokratie*.

Die Erziehungsdiktatur

In dieser Zeit des Umbruchs jung, kraftvoll, zeitressourcenreich zu sein, ist eine große Chance. Man kann marktschreierisch die Politik, Wirtschaft, Medien vor sich hertreiben. Man hat Macht. Macht, andere zu kontrollieren. Zum Beispiel Schwächere. Also Personen, die entweder nicht mehr die Jugend, Kräfte oder Zeit haben, ebenso lautstark Politik, Medien, Wirtschaft vor sich herzutreiben. Die Wirtschaft hofiert die Jugend (»Glaub an Dich!«), weil diese dank der Ersparnisse ihrer Eltern und Großeltern sowie ihrer Zeitkapazitäten einen relevanten wirtschaftlichen Faktor darstellen (werden). Die Politik hofiert die Jugend, weil sie gerade im Trend ist und vom Bildungssystem auf den Begriff »Demokratie« geradezu (unhinterfragt) vereidigt wurde und sie – bei aller Politikverdrossenheit – als nennenswerte Größe in der Politik versteht, die es besser zu repräsentieren gilt. Jene, die sich gerade für das Gemeinwesen, für die Politeia im ursprünglichen Sinn des Wortes einsetzen, werden nicht mehr gehört, obwohl die Konsequenzen von all dem, was da politisch so beschlossen wird, sie am meisten und am dramatischsten (be-)trifft. Es ist eine Gesellschaft, in der diejenigen, die es nicht betrifft, die Entscheidungen treffen. Aber Hauptsache die Etikette »Demokratie« ist makellos.

Die Selbstdarstellung von Oberflächlichkeiten

Die sozialen Medien sind nicht das Problem. Sie machen lediglich früher verborgenere Narzissmen und mitunter Sadismen sichtbarer. Bei manchen Menschen fördern sie gewiss den Narzissmus. Sich jeden Tag selbst in den Mittelpunkt zu stellen ist für eine gemeinwohlorientierte

Demokratie freilich eine Herausforderung, jeden Tag andere Menschen unter dem Schutz digitaler Anonymität fertig zu machen, eine noch größere. Wenn es *demokratische* Politiker sind, die hier als gesellschaftliche Vorbilder vorleben, wie man permanent nach Anerkennung und *Daumen rauf* heischt, dann ist es besonders fragwürdig. Gefährlicher wird es dann schon bei Hetze gegen Menschen, die sich jeden Tag für das Gemeinwesen einsetzen anstatt sich als selbstverliebter Egomane zu präsentieren. Besonders geeignet sind die sozialen Medien zur Präsentation von Oberflächlichkeiten. Wer hier äußerlich makellos scheint, ist im Vorteil, ansonsten wird halt mit Bildbearbeitung nachgeholfen. Die Kultivierung der Selbstliebe hat aber dann schon etwas von Personenkult. Hier kommt wieder die Selbstherrschaft in den Sinn. Influencer beeinflussen mit ihrer Oberflächlichkeit ganze Generationen. Wenn auf einmal gefühlt jeder Wiener Jugendliche einen bundesdeutschen Dialekt spricht, ohne einen solchen Hintergrund zu haben, sind manche schon geneigt, den verpönten Begriff aus dunkler Zeit, *Gleichschaltung*, besser einordnen zu können – ganz ohne Verharmlosungsabsichten.

Für mich ist immer Tag der offenen Tür

Dann gibt es diese selbsternannten Jungpolitiker, die weder jung, noch Politiker sind, die sich mit dreißig noch selbst inszenieren wie 17-Jährige – dem Jugendkult entsprechend. Jeden Tag entweder in blödelnder oder Möchtegern-Denkerpose mit irgendwelchen Fahnen, Symbolen oder Insignien, die gerade im Trend sind oder mit denen man sich gut als demokratisch oder einer sonstigen euphemistischen Worthülse zu tarnen weiß, vor allem wenn man dann bei jeder Gelegenheit Moralpredigten halten kann. Bedenklich wird es halt dann, wenn solche angeblichen Demokraten anlässlich der langen Warteschlangen von Menschen, die das Parlament am Tag der offenen Tür kostenlos besichtigen wollen, in sozialen Medien von sich geben: »Für mich ist immer Tag der offenen Tür«. Schön, wenn man dank seiner durch Zeitressourcen möglichen Zugehörigkeit zur Parteipolitikkaste so tolle Connections hat, dass man jeden Tag ins *Oligarchikum*, Verzeihung, *Demokratikum* darf. Und man fragt sich jetzt schon, wie solche Menschen im Alter ohne den täglichen selbstverliebten Bühnenauftritt in sozialen Medien überstehen werden.

Die Party ihres Lebens

Es ist also gerade *in*, äußerlich jung zu sein. Die Tugend der Verehrung des Alters ist, anders als zum Beispiel im ostasiatischen Raum, völlig in Vergessenheit geraten. Jetzt ist es die Jugend, die glorifiziert wird. Aber wofür eigentlich? Für ihre jugendliche Pseudo-Makellosigkeit? Für das indoktrinierte Weltbild? Für einen falsch verstandenen Demokratiebegriff? Für ihre vorlaute Art, den Alten sagen zu können, wo es langgeht und sich in moralischen und wissenstechnischen Fragen als Gipfel der

Schöpfung aufzuspielen? Den ganzen Tag auf der Universität herumzukugeln und am Abend bei jeder Gelegenheit inzwischen permanent zentral organisierte Studentenpartys zu besuchen, trifft freilich nicht auf alle zu und es gibt sehr viele, die sich das Studium nebenbei selbst als Werkstudent verdienen müssen. Aber wenn man sich in so Fächern wie Geschichte umsieht und fragt, warum das studiert wird: »weil ich was anderes nicht geschafft habe« und sich ansieht, wie voll die Hörsäle mit solchen Personen sind, die nur studieren, damit sie etwas studieren, auch in anderen Fächern wie Jus, bei dem die Absolventen eines Tages über Menschenschicksale entscheiden werden, dann fragt man sich schon, wo das hinführen wird. Wissenschaft ohne dahinterstehende Tugend ist reiner Selbstzweck und somit eitel. Das ist ähnlich beunruhigend, wie bei der Demokratie, die zum eitlen Selbstzweck geworden ist.

Die Alten kehren die Straßen

Während jungen Erwachsenen eine vom *Staat* (den arbeitenden Menschen) finanzierte Universitätsausbildung ermöglicht wird, in der die Sozialisierung allein mit der Wissenschaft, nicht aber mit dem *Staat*, der *Republik*, im Vordergrund steht, werden Menschen, die diese Möglichkeit mit ihrer jahrzehntelangen (zum Teil Schwerst-) Arbeit ermöglicht haben, mit (wegen ungerechter Durchrechnungszeiträume) unangemessen niedrigen Pensionen in die soziale Verbannung geschoben.

Geht man montags, zehn Uhr, durch den Uni-Campus im Alten AKH, sieht man vergnügte junge Menschen, die sich vor den Vorlesungen treffen, den jugendlichen sozialen Austausch genießen und zur nächsten Studentenparty verabreden. Bei aller jugendlichen Gelassenheit ist an ihren Gesichtern dennoch keine völlige Unbekümmertheit abzulesen. Sie spüren, dass diese ausgelassene Zeit nicht von Dauer sein kann. Wenn man dann den Campus verlässt, begreift man die studentische Skepsis. Alte Männer, die sich kaum bücken können, kehren auf der Alser Straße, in der Universitätsstraße und in der Schottengasse die Rinnsale, um den Lebensabend zu überleben. Man spürt, dass irgendetwas wahrscheinlich schon länger schief läuft in dieser Gesellschaft.

Die Verbannung der Alten und Schwachen

Was sind das für *soziale* Medien, in denen die Alten nicht präsent sind, und wenn dann nur, wenn Politiker oder Menschen, die sich als volksnah geben oder ihr eigenes moralisches Gewissen beruhigen wollen, mit ihnen als Testimonials posieren. Der überragende Teil der »Jugend«, der sich in den sozialen Medien präsentiert, lebt von der äußerlichen Jugend, der scheinbaren oder bereits herbeigefilterten Makellosigkeit. Man kann es ihnen nicht verdenken. Wer möchte denn nicht ein »Star« sein?

Auch wenn die sozialen Medien nicht den Gesellschafts- und auch nicht den Jugendquerschnitt repräsentieren, so sind es doch viele, die sich hier tummeln. Und schließlich fischen auch die konventionellen Medien, die Wirtschaft, die Parteipolitik und inzwischen sogar der Staat hochoffiziell und hochengagiert in diesen *sozialen* Medien. Hier wird auf die »Likes« der Menschen geachtet. Die Alten und Schwachen sind hier nicht zu finden. Und das obwohl sie statistisch eine immer größere Bedeutung spielen werden. Sind die sozialen Medien der rechte Ort, um die Menschen zu erreichen?

Wie wird es der jetzigen Jugend oder der künftigen, »digitalen« Generation gehen, wenn sie nicht mehr im Fokus der öffentlichen und sozialen Aufmerksamkeit steht. Nun war der Verlust der Jugend schon für vergangene Generationen eine Herausforderung, aber der Verlust der Jugend, gekoppelt mit dem Verlust der sozial-medialen Aufmerksamkeit scheinbar einer ganzen Gesellschaft, wird womöglich ganz neue Ausmaße der Vereinsamung zu Tage bringen. Die Verbannung der Alten und Schwachen aus einer Gesellschaft, die immer mehr das »Junge« und das »Schöne« glorifiziert, muss den jetzigen jungen Generationen viel mehr zu denken geben als den Alten. Es muss uns allen zu denken geben, wenn sich Parlamente und ihre Kontrollinstitutionen, Regierungsgebäude und die Justiz in ihren *Demokratie*-, Regierungs-, Justiz-, Säulen- und Glaspalästen mit Hochsicherheits-Zutrittskontrollen verschanzen, während hochbetagte Menschen in Altersheimen von Eindringlingen vergewaltigt und beraubt werden können.

Die große Erschöpfung

So macht sich die große Erschöpfung beachtenswerterweise nicht bei den »Alten« bemerkbar, sondern bei den »Jungen«. Diese vertrauen darauf, dass sie durch die Elterngeneration finanziell abgesichert sind, insofern macht man sich keine Sorgen um den Lebensunterhalt. Nun heißt es erstmal studieren bis dreißig oder länger. Eine Zeitlang gibt es dafür auch noch Familienbeihilfe für die Eltern. Jene, bei denen es zu Hause finanziell nicht so gut aussieht, müssen jetzt schon nebenbei arbeiten, zum Teil schwer und zum Teil ohne jeden Zusammenhang mit dem Studium. Aber diese Studenten tragen zumindest schon zum Gemeinwohl bei durch ihre Arbeit und ihre Steuern. Wenn man sich dann nach Jahren des Erwerbs der modernen Adelstitel mit Ende zwanzig oder noch später auf die reale Arbeitswelt einlässt, merkt man nicht nur selbst, sondern merken vor allem die erfahrenen Neo-Kollegen, dass man vom Bildungssystem auf das Arbeitsleben überhaupt nicht vorbereitet wurde. Es war ja auch nicht wirklich ein Bildungssystem, sondern bloß ein Ausbildungssystem.

Denn die Pädagogen an den Schulen sind von Bürokratie und Administration, aber auch von der Kompensation von Sozialarbeit derart betroffen, dass der Gestaltungsraum für die Kernaufgabe eingeschränkt wurde. Und der Lehrbetrieb an den Universitäten hat trotz humanistischer Bemühungen mancher Professoren um Inhaltsvermittlung stark durch Formalismen und im derzeitigen Trend befindliche Etiketten inhaltlich massiv gelitten.

Es ist aber auch schwierig, wenn junge Maturanten sich Sorgen machen müssen, ob die Hausarbeit eh bewertet wird, wenn statt dem Genderstern ein Doppelpunkt gemacht wird. Solche großen Fragen unserer Zeit, das richtige Zitieren, die immer inflationärere Suche nach noch nicht gestellten Forschungsfragen und das Lernen und Vergessen von Prüfung zu Prüfung sind für die Tätigkeit in bestimmten Teilbereichen sinnvoll, aber in vielen Bereichen, in die die Jung-Absolventen strömen, vor allem jene, die nur studiert haben, um überhaupt etwas zu studieren, unzureichend. Man fühlt sich permanent übervorteilt, unter seinem Wert belohnt, Loyalität und Einsatz sind eine Einbahnstraße nur in die eigene Richtung, Nehmen statt Geben und seiner Rolle gerecht werden zu müssen, die Erfahrenen bei erster Gelegenheit zu belehren, wie es richtig geht. Diese Erwartungen sind freilich nicht erfüllbar, nicht einmal in einem System, in dem um einen, der man so jung ist, gebuhlt wird.

So ist der Nachwuchs bereits beim Berufseinstieg erschöpft. Weil im Bildungssystem eine in der Realität nicht erfüllbare Erwartungshaltung hochgezüchtet wurde. Indem der Staat, die Gesellschaft und die Eltern zugelassen haben, dass das Studium nicht nur zum bloßen Selbstzweck, sondern sogar zur gesellschaftlichen Pseudo-Tugend verkommen ist, haben sie – und nicht etwa Corona oder sonst eine temporäre Erscheinung – es geschafft, dass sich viele Junge, die nicht das lernen konnten, was ihren Talenten oder Leidenschaften entsprochen hätte, sich als Angehörige einer verlorenen Generation sehen

– immer unzufrieden, immer übervorteilt. Eine Generation, die, um in die richtige Schublade des Kastensystems zu gelangen, einem Trend nachgelaufen ist, der sie weder in Bezug auf das Arbeitsleben noch auf den Staatsgedanken, wie er seit Jahrtausenden für republikanische, gemeinwesenorientierte Systeme gilt, vorbereitet hat.

Die Leisen werden laut

Leider erweisen aber auch die »Alten« den Jungen in dieser Hinsicht einen Bärendienst. Indem sie in die Glorifizierung der Jugend und den gesellschaftlichen Kastenzwang der Notwendigkeit eines Studiums oder zumindest der Matura einstimmen. Plattitüden wie *demokratisch* oder *die »Rechte der Jungen«* vernichten jedes kritische Denken von vornherein im Keim. Eine größere Solidarisierung mit dem Gemeinwesen zum Gemeinwohl – Vorsicht! Das würde eine Berufung auf die Pflichten eines jeden *zoon politikon* bedeuten – wäre ein Eingriff in die Rechte junger Menschen. Tatsächlich sind diese jungen Menschen ihrer republikanischen Potenziale und Rechte beraubt, solange man ihnen nicht die Notwendigkeit und die Chance wahrer Tugendhaftigkeit zuteilwerden lässt.

Solange man im System gefangen ist und sich seine Karriere nicht völlig verbauen will, ist es nicht opportun, die Systemmissstände, die zudem mit dem Euphemismus *demokratisch* missdeutet werden, aufzuzeigen. Das gilt nicht nur für die große Frage eines völlig neuen *werte*statt *titel*orientierten Bildungssystems. Jede Abkehr von den oligarchischen Prinzipien eines bestehenden perversen Kastensystems wäre beruflicher Selbstmord. Daher bleiben die Erfahrenen, die den Einfluss hätten, etwas zu ändern leise. Bis nach der eigenen Pensionierung. Dann auf einmal wird alles kritisiert, wofür man vorher zuständig war, sei es das Bildungs-, Gesundheits-, Sozial- oder Migrationssystem. Hätte man nicht kritisieren können, solange man noch den Gestaltungseinfluss hatte, etwas zu ändern? Die Karrierekriterien des Systems haben es schlichtweg nicht zugelassen – den fraglichen Menschen kann daher kein Vorwurf gemacht werden.

Faschingsvereine

Wichtig sind die richtigen Etiketten. Auf den Gestaltungs- oder gar Veränderungswillen kommt es gar nicht an, der ist sogar eher abträglich. Wenn alle gelbe Fahnen schwingen, dann sollte man das auch tun. Wenn alle Regenbogen- oder EU-Söckchen anziehen, dann ist man ein Außenseiter, wenn man sich nicht auch entsprechend kostümiert. Das gilt für Parteien ebenso wie für Institutionen, die es sich – wenn sogar seit Jahrhunderten – zum Ziel gesetzt haben, politisch, also gestaltend tätig zu sein. Die jeweiligen Rituale und Zusammengehörigkeitsgefühle haben begonnen, eine größere Rolle zu spielen. Wie in den sozialen Medien und wie im inzwischen managementorientierten Staat kommt es inzwischen mehr auf die Oberfläche an. Tiefgründige, kritische Auseinandersetzung mit einem Zeitgeist ist verdächtig. Politisch verändern, gestalten, lässt sich da freilich wenig. Man kann mit solchen Einstellungen einem reinen Machtwechsel entgegenfiebern. Aber das ist etwas wenig, denn Macht allein macht noch nicht Politik aus.

Die Heldenverehrung der Wenigen

Es ist eine Zeit, in der nicht nur das Ego und scheinbare jugendliche Makellosigkeit und Fassaden hochkultiviert werden. Es ist auch eine Zeit des falsch gemeinten und falsch verstandenen Opferkults. Es ist *in*, sich über angeborene Merkmale zu definieren. Nicht nur in sozialen Medien definiert man sich immer häufiger und immer lauter über sein (junges) Alter, seine ethnische Herkunft, seine Hautfarbe, sein Geschlecht, seine geschlechtliche Orientierung – wenn diese gerade hoch im Kurs stehen.

Der persönliche Einsatz für seine aktivistischen Anliegen, weil man selbst der jeweiligen Gruppe angehört, hat etwas Egoistisches und Egozentrisches. Bei manchen sogar etwas Verhetzendes. Allen anders Seienden wird nämlich immer direkter und lauter vorgehalten, ein rückständiges, reaktionäres, antifeministisches, rassistisches oder homo-/transphobes Pack zu sein. Immer mehr nehmen diesen Aktivismus als militant und als pseudomoralisch überheblich wahr. Es ist leicht, in einer Gesellschaft, die teilweise bereits schrankenlose Rechte für bestimmte Gruppen ermöglicht, noch mehr davon zu fordern und immer mehr und mehr zu wollen. Da spielt es dann fast schon keine Rolle, ob es die egoistisch oder rein aus politischem Machtkalkül motivierten Forderungen einer Minderheit oder sogar einer Mehrheit sind. Weil das Drüberfahren über anders Seiende, anders Denkende und anders Sagende in beiden Fällen fatal ist.

Die Glorifizierung und das permanente Feiern der eigenen Sexualität tragen immer auch etwas Narzisstisches und Oberflächliches in sich. Es stellt sich die Frage, ob sich eine Gesellschaft so sehr auf Dinge fixieren möchte, die bloß einen Bruchteil der jeweiligen persönlichen Identität darstellen. Die Hochstilisierung eines einzigen Persönlichkeitsmerkmales, gerade wenn es um das Sexuelle geht, hat auch etwas Stigmatisierendes. Diese Menschen werden, die einen ohne, dass sie es merken, die anderen ohne, dass sie es wollen, geradezu als wollüstige Lustsubjekte und Lustobjekte dargestellt. Da hier auch die Wirtschaft Interessen hat, werden sie gar als solche Subjekte und Objekte regelrecht vermarktet. Es wird um sie auf Veranstaltungen, in sozialen Medien und in der Politik geworben. Die Reduktion und Fokussierung auf Sexualisierung, auf Lustfragen, wirkt auf so manche wie der dekadente Abgesang einer untergehenden Spaßgesellschaft.

Es werden immer mehr, die bereits meinen, dass es um die Lust an der Macht der Inszenierung geht. Es werden immer mehr, die einen aggressiven Symbolik- und Flaggenkult solcher aktivistischen „Bewegungen" zu erkennen glauben, die sich selbst feiern. Nicht wenige sehen verhärtete Fronten von Befürwortern und Gegnern solcher Bewegungen, die Propaganda, Verherrlichungen und Verteufelungen betreiben. Manche glauben, dass sich die vermeintlich Schwachen auf einen vermeintlichen Opferkult berufen, der alle Kritiker zu Sündenböcken erklärt.

Die Verteufelung der Tugendhaften

Bei solchen Hysterien geht es hinter scheinbar schönen moralischen Fassaden tatsächlich um blanke Macht und Einfluss des eigenen Egos beziehungsweise der eigenen sozialen Gruppe. Oder noch schlimmer: es geht einfach nur darum, sich selbst feiern zu können oder sich als Opfer stilisieren zu können, dem noch mehr Rechte herausgeboxt werden können. Man möchte in der Anerkennung und somit im Einfluss unbedingt nach oben wandern. Man möchte gefeiert werden – von allen. Man möchte in der Szene und durch die Szene zu Prominenz oder politischem Einfluss gelangen – ganz an die Spitze der Kastenpyramide.

Alle, die hierbei im Weg stehen, werden angefeindet. Und das sind nicht nur vermeintlich Homophobe, Antifeministen, Xenophobe, Rassisten, Chauvinisten oder wie sie sonst heißen mögen. Es sind längst auch jene, die jeden Tag schwer arbeiten und den Staat am Beatmungsgerät mit ihren Beiträgen noch am Leben halten. Und die nicht verstehen können, warum es in dieser so fortschrittlichen Gesellschaft auf einmal wieder Gruppen gibt, die sich selbst feiern und eine ganze Gesellschaft um sich kreisen lassen können, wie einst die Aristokraten an den absolutistischen Höfen Frankreichs. Und eine Gesellschaft, in der auf einmal wieder Sittenwächter und Sprachpolizei umgehen und alles und jeden verteufeln können, der anderes spricht. Und in einer Welt des großen Distanzierens ist jeder ein Geheimagent. Jede Aussage kann (gesellschaftlich) den Kopf kosten. Dem gesellschaftlichen Trend des Denunziantentums und Whistleblowing folgt nun auch Gewehr bei Fuß – wie sollte es anders sein – der Staat, dessen Politiker sich in einer scheinbaren Republik ohne Republikaner der lauten Minderheit anbiedern wollen.

Diese Menschen, die darauf berufen, dass tugendhaftes Verhalten nicht bedeutet, sich selbst oder angeborene Merkmale zu feiern, sondern den Beitrag zum Gemeinwesen, zum Gesamtwohl zu leisten, stehen bei diesen egoistischen und machtpolitischen Rauschfesten im Weg. Gemeinwohl in Zeiten des Selbstinteresses ist gerade nicht in. Die Republik hat in Zeiten der Selbstherrschaft gerade keine Bedeutung.

Konsumenten statt Staatsbürger

Wie im Kaufhaus versucht jeder als erster das beste Schnäppchen für sich zu bekommen. Man ist Konsument. Die eigenen Vorteile und Rechte stehen im Vordergrund. Im Kaufhaus muss man ja auch nicht zum Wohl des Kaufhauses beitragen. Man kann es ruhig schädigen, indem man für sich den besten Preis herausholt. Dass aus diesem Grund zuvor bereits das Kleingewerbe zugrunde gegangen ist, hat man ohnehin längst vergessen.

Der Staat, der sich (noch) als demokratische Republik versteht, ist kein Kaufhaus. Man merkt, dass Konsumentengier hier nicht lange gut geht. Dass sich etwas verändert, wenn sich zu viele das Beste rausholen, während immer weniger noch zur Substanz beitragen. Man merkt, dass der Ellbogenkampf um das »Familiensilber« des Staates begonnen hat. »Bürgerliche Rechte« stehen im Vordergrund, nicht bürgerliche Tugenden. Man identifiziert sich nicht mit dem Staat. Dieser ist ein Fremdkörper. Wer schneller und geschickter darin ist, diesen für seine eigenen (Macht-)Interessen zu benützen, wird an Einfluss und Reichtum gewinnen. Es hat also in diesem Kontrollverlust des Staates – dem Einsetzen des Chaos – der Aufstieg der Gewinner (die vom Staat im Kleinen wie im Großen profitieren) und der Abstieg der Verlierer (die im Kleinen wie im Großen zum »Netto-Beitragsleister« für die Republik geworden sind) begonnen.

Privilegien statt Freiheit

Immer mehr, die lauthals von *Freiheit* reden, meinen tatsächlich aber *Egoismus* oder *Privilegien*. Mit Freiheit können bestimmte Gruppen, die erzogen wurden, sich Trends und Zeitgeist absolut zu unterwerfen, gar nicht mehr umgehen. Vielmehr wünschen sie eine straffe Führung, bei der eigenes Denken und eigene Schaffenskraft nicht nötig sind. Man will also gar keine *Freiheit*, die überfordert. Man will *Unterdrückung* in Form von starrer Führung. Manche brauchen die strikten Erlässe, das Erbsenzählen, weil man selbst ja gar kein Gespür mehr dafür hat, was ethisch-moralisch richtig ist. Man braucht das strenge Korsett und die befehlstaktische, minutiöse Anleitung. Mit Auftragstaktik, also der Freiheit, selbst Entscheidungen zu treffen, selbst Verantwortung (zum Beispiel über Projekte) zu übernehmen, kann man gar nicht umgehen, das möchte man gar nicht, das ist zu mühsam. Vielmehr möchte man anstatt Freiheit, Verantwortung und Entscheidungskompetenz lediglich Privilegien. Das Privileg, von zu Hause arbeiten zu dürfen. Das Privileg, nicht verantwortlich zu sein. Das Privileg, sich nicht weiterentwickeln zu müssen. Das Privileg, andere für sich arbeiten zu lassen und auszunützen. Das Privileg, nur zu nehmen und nicht zu geben. Das Privileg, egoistisch nur auf sich zu schauen und sich mit der Last der anderen nicht auseinandersetzen zu müssen. Das Privileg, nicht kameradschaftlich sein zu müssen. Das Privileg, andere für ihre eigene schlechte Stimmung und (scheinbar) missliche Lage verantwortlich machen zu können. Für all diese Privilegien im Kleinen ist man dann auch bereit, die Unterdrückung im Großen hinzunehmen oder schlimmer noch: gar nicht erst zu sehen.

Und diejenigen, die sich gegen diese Windmühlen des Egoismus und des Privilegien-Rittertums stellen, werden dann auch noch ausgenützt, gleichzeitig aber auch ausgegrenzt, angefeindet und ebenfalls demoralisiert, weil es doch viel bequemer ist, unterdrückt zu werden, anstatt sich an Verantwortung zu beteiligen.

Leider sind es eben jene, denen ohnehin alle Wege geebnet wurden, die immer mehr von anderen fordern. Je bequemer das gemachte Nest, in das man gesetzt wurde, umso geringer die Leistung und umso lauter die Forderungen. Wer selber kämpfen musste, stellt an andere keine Forderungen, sondern nur an sich selbst. Und den tatsächlich Ausgebeuteten an den Brennpunkten der Gesellschaft, sei es auf der Straße, in den Kindergärten oder in den Spitälern, hat man vielerorts bereits die Stimme und die Kraft geraubt, sich für ihre Rechte einsetzen zu können. Diesen Menschen wird dann auch noch vorgeworfen, nach *Privilegien* zu rufen. Eine verkehrte Welt.

Jeder gegen jeden für seine Rechte

Da die Gesellschaft nun also wieder in höherwertige Gewinner- und niederrangige Verlierer-Klassen geschichtet wird, werden die »unteren« Kasten unruhig. Auch wenn die Pyramide ihre Gestalt verändert, sie bleibt eine Pyramide – es ist ein Macht-, kein Systemwechsel. Viele trauen sich nicht gegen die moralischen und politischen Diktate aufzubegehren. Aber es trauen sich immer mehr. Und die sich noch nicht trauen, haben (noch) die Möglichkeit, alle paar Jahre, in der (noch) geheimen Wahlkabine ihren Unmut und Protest zu äußern. Hier in der Wahlkabine wird der Protest gegen all die Feierstimmung der sich selbst feiernden und moralisch über den Dingen Stehenden artikuliert.

Sollten sich da die aktivistischen Bewegungen nicht rasch dafür einsetzen, dass dieses geheime Wahlrecht, das den Anfang vom Ende ihrer Partylaune bedeuten könnte, rechtzeitig abgeschafft wird? Oder wird diese Forderung (auch) von jenen kommen, die auf der ande-

ren Seite stehen? Wenn dieser Kampf um die Omniprä-
senz und Vormachtstellung der eigenen sozialen Gruppe
immer lautstarker, immer populistischer, immer selbstverliebter, immer ausgrenzender geführt wird, wie wird
die Eskalation und das Ende dieser Propagandaschlacht
und Polarisierungsspirale aussehen? Wer wird den immer
radikaleren Machtkampf für sich entscheiden? Wie wird
die jeweilige Seite mit der erkämpften Macht umgehen?
Wie wird sie es die Gesamtgesellschaft spüren lassen?

Dein Freund, Dein Helfer

Noch darf, ja muss der Staat in diesen Kampf *jeder gegen
jeden* eingreifen. Dabei gerät er aber freilich zwischen die
Fronten der aufeinanderprallenden Ideologien. Obwohl
im Vertrauen der Bevölkerung ganz oben, werden staatliche Institutionen, wie Polizei oder Militär, von der Parteipolitik als bloßer Spielball missbraucht: entweder als
Feindbild Nummer eins oder, wie zuletzt immer häufiger
anzutreffen, als Propagandamittel. Schließlich sind einem die Zustimmungswerte der Bevölkerung gegenüber
diesen Institutionen im Gegensatz zu Parlament, Opposition oder Regierung, also im Gegensatz zur (Partei-)Poli-
tik, nicht entgangen. Aber jene sich selbst feiernden und
wie der absolutistische Adel um sich selbst kreisenden
»Bewegungen« und »Aktivisten« können freilich nichts
mit so einem beliebten Konkurrenten anfangen. Der stört
am Weg zu eigenem Einfluss. Deshalb gehört er angefeindet. Nicht nur in Worten, sondern auch in Taten. Die

Menschen, die in diesen staatlichen Institutionen für die Republik (also für alle) jeden Tag ihre Gesundheit, körperliche Unversehrtheit und ihr Leben aufs Spiel setzen, müssen unbedingt unter Kuratel gestellt werden. Am besten unter Aufsicht eines (partei-)politischen Überwachungs-, Denunziantentum- und Whistleblowing-Organs. Damit lässt sich der Generalverdacht gegenüber einer ganzen Berufsgruppe noch besser ausbauen. Damit lässt sich der Handlungsspielraum noch besser einschränken. Je mehr diese Kräfte sich mit sich selbst beschäftigen müssen, umso weniger können sie sich den chaotischen Zuständen auf der Straße widmen. Je mehr Chaos, desto leichter gerät das Kräftegleichgewicht im Land in Schieflage und umso leichter kann man für seine eigenen Interessen nach noch mehr Macht und Freiheiten streben.

Eine Polizei, als Sicherheitswache für die Republik, für die Allgemeinheit, die rechtsstaatskonform im Sinne dieser Allgemeinheit einschreitet, wird immer mehr dafür getadelt, wenn sie Recht für das Gemeinwohl durchsetzt und somit schrankenlose Freiheiten von Menschen einschränken muss, die die Freiheiten und Rechte anderer nicht respektieren. Ein beliebter Satz, mit dem manche die Polizei an ihre (falsch verstandene) Pflicht erinnern wollen, nicht gegen all seine zahlreichen, schrankenlosen Rechte vorgehen zu dürfen, lautet: »Von wegen, *dein Freund und Helfer!*«

Zum Glück ist die Polizei nicht »Dein Freund, Dein Helfer«, denn das hatte, zwar nicht als erstes, aber in besonderem Maße das Dritte Reich Adolf Hitlers propagiert. In Wahrheit hat die Polizei nicht *dein* Freund, *dein* Helfer zu sein. Sie hat die Sicherheit des Gemeinwesens vor Augen, die Stabilität des republikanisch ausgerichteten Staates zu wahren, und gewiss nicht die ideologisch motivierte Machtvermehrung einzelner Gruppen zu fördern. Genau deshalb, wird sie aber wahrscheinlich von manchen gerade so angefeindet.

> *»Zu Hause und in Friedenszeiten befehligt [das Volk]*
> *sogar die Amtspersonen, droht, verweigert den Gehorsam,*
> *stellt zur Rede, legt Berufung ein; in Kriegszeiten aber*
> *gehorchen dieselben Leute dem Beamten, wie einem König,*
> *denn ihre Rettung ist ihnen mehr wert als ihre Launen.«*

Marcus Tullius Cicero

Ihr werdet das Volk in eine große Zukunft führen

Wem gehört die Welt? Der Jugend. Der heutigen Jugend. Keine Generation ist jemals unter solchen Bedingungen aufgewachsen. Scheinbar totale Freiheiten, scheinbar totales Informationsangebot, scheinbar totales Bildungsangebot, scheinbar totale moralische Überlegenheit. Und das Wichtigste: die Politik, die Medien, die Wirtschaft schauen auf dich und hofieren dich. Zeit, das Ganze zu hinterfragen. Cui bono? Was ist beabsichtigt? Denn alle Jugendlichen werden ja gar nicht hofiert. Sondern eigentlich nur relativ wenige. Man folgt denen, die präsent sind, die sich (scheinbar) politisch aktivieren. Dabei gibt es einen bestimmten, besonderen Zeitgeist.

So ein Zeitgeist ist das Klimathema. Damit kann man hervorragend Weltuntergangsstimmung erzeugen, um Aufmerksamkeit zu bekommen. Es lenkt aber leider auch ab. Von anderen Problemen, Missständen und Fehlentwicklungen, die man entweder aus politischer Korrektheit nicht ansprechen darf oder die man nicht bemerkt, weil das Radar dafür vom (Aus-)*Bildungssystem* gar nicht erst aktiviert wurde. Das moralische Radar wurde nur darauf ausgerichtet, auf das Sichtbare zu reagieren. Und sogar bei Sichtbarem ist eine politisch-motivierte Soll-Betriebsblindheit einprogrammiert worden. Man beschäftigt sich daher mit politisch zulässigen Einzelmaßnahmen, wie zum Beispiel bloße Wahlrechtsfragen, wie man wieder Akzeptanz für die Wissenschaft generiert oder bedingungsloses Grundeinkommen. Man beschäftigt sich mit Schlagwörtern oder der permanenten Veränderung der Sprache. Also auch hier treten die Inhalte hinter den Fassaden zurück, das Unsichtbare, das Gesamtsystem wird gar nicht erst auf die Tagesordnung gebracht.

Wenn die Menschen verlernen wirklich kritisch zu denken, weil man sich nur mehr einem Zeitgeist, einem *Like* oder der Popularität der eigenen sozialen Gruppe widmet, dann wird es für die Gesellschaft immer schwieriger, Meinungsverbote, die zu Gedankensperren führen, zu erkennen, geschweige denn zu vermeiden. Bis man nicht einmal mehr in der Lage ist, das Sichtbare zu sehen. Die Menschen spüren, dass die (Selbst-)

Glorifizierung einer bestimmten sozialen Gruppe kein solides Fundament für Machtausübung ist. Die konstruierte Selbstgefälligkeit oder Selbstherrlichkeit einer für Macht zu jungen Generation hat, da wo wir sie in der Vergangenheit, zum Beispiel in Italien und in Deutschland der 1920er und 1930er Jahre, fassen können, entgegen der Propaganda noch nie in eine glorreiche Zukunft geführt.

Die Flügel gestutzt

Während also propagiert wird, dass der jungen Generation für unbegrenzte Möglichkeiten Flügel zu geben sind, sind es die Erfahrenen und jene, die für das Gemeinwesen ihren täglichen Beitrag und Blutzoll leisten, deren Flügel soweit gestutzt werden müssen, dass ihre »Freiheit gedrückt am Boden klebt«. Die Jungen sollen, können und müssen zu allem ihre Meinung lautstark kundtun, sollen an sich glauben, in allem. Jene, die in den verschiedensten Bereichen langjährige Erfahrung gesammelt haben, die Systeme kennen – sei es in den Spitälern, in den Schulen, in den Kindergärten oder bei der Polizei – sollen schweigen. Ihre Erfahrungen und Kritik könnten das Machtsystem, das hinter glanzvoll-euphemistischen Kulissen steckt, schonungslos entlarven. Strenge Maulkorberlässe und eine ganze Reihe an inflationären, Erbsen zählenden Vorschriften mit schikanösen Einschränkungen, die in das höchstpersönliche, private Leben eindringen, sollen die Erfahrenen dazu bringen, sich permanent selbst zu hinterfragen, nicht aber das System.

Es ist also ein System, in dem die Ahnungslosen dazu motiviert werden, pausenlos ihre Meinung kundzutun. Wohingegen die Wissenden dazu genötigt werden, ihr Wissen zu verheimlichen und den Übrigen im Gemeinwesen nicht zukommen zu lassen. Für die machtorientierten Machthaber ist das Wissen der Letzteren viel gefährlicher als die Dummheit der Ersteren. Für das Gemeinwesen aber wäre das Wissen der Letzteren staatserhaltend, wohingegen die Selbstgerechtigkeit der Ersteren staatszersetzend ist.

Da die Machthaber der Politik mit sich selbst beschäftigt sind und nur in zeitlich engen Kategorien der nächsten Wahlen denken, brauchen sie nicht einmal böse Absichten zu haben, wenn sie eher auf die trendige und zeitgeistige Jugend hören, anstatt auf die wissende und geistreiche erfahrene, arbeitende Kaste. Höchstens als Testimonials bei den Wahlen werden die Erfahrenen angesichts der Wählerdemographie noch herangezogen. Nach den Wahlen verschwinden sie aber immer mehr und mehr in den Hintergrund, wo doch eine Jugendquote zu erfüllen ist. Es ist also einfach nur der Weg des geringsten Widerstands, den die Politik hier geht. Wen interessiert hier schon der Systemwechsel in ein paar Jahren, wenn man den kurzfristigen Machtwechsel oder Machterhalt vor Augen hat.

Die politische Korrektheit
frisst ihre Kinder

Trends können vergehen. Der Zeitgeist kann sich wandeln. Was man vor wenigen Jahren noch sagen durfte, darf jetzt nicht mehr gesagt werden. Was jetzt gesagt werden soll, ist in wenigen Jahren seinerseits schon inkorrekt. Das schafft Unsicherheit, die ihrerseits politisch oder scheinmoralisch motivierte Anschauungen und Ansagen kurzlebig werden lässt. Und doch erkennen gerade die Jüngeren noch nicht, dass das nicht im Gleichschritt Mitgehen mit aktuellen Trends nichts mit altmodisch, Rückständigkeit, reaktionär, antifeministisch, rassistisch oder homo-/transphob zu tun hat, sondern rein mit Kontinuität, Haltung, aber auch mit Unangepasstheit im besten Sinne des Wortes und im Sinne von selbst- und gesellschaftskritischer Reflexion und Weiterentwicklung. Auch Weiterentwicklung braucht Stabilität. Auch Veränderung braucht die Stärke, nicht auf jeden Trend aufzuspringen, woher und von wessen Motiv auch immer der gerade kommen mag.

Junge Aktivisten, die vor Jahren mit ihren »unschuldigen« und makellos jungen Gesichtern mit »Rehaugen« noch die ganze Welt in einer Sturmwelle begeistert haben und auf die Buchumschläge von Werken zur gesamten Weltgeschichte gedruckt wurden, können schon heute in Verruf geraten.

Die Gerechtigkeit des Alters

Das gerechte Alter macht diesen Prozess, diese Erkenntnis möglich, dass man niemals die erste und letzte entscheidende Generation war, die sich für etwas eingesetzt hat. Das Alter erhellt den Blick, dass auch Menschengenerationen vor der eigenen Großartiges, womöglich weitaus Großartigeres geleistet haben. Das Alter eröffnet eine gewisse Flughöhe, die einen Überblick über die frühere eigene Selbstverliebtheit und Egozentrik verschafft. Erst mit diesem Abstand ist wirklich Großes möglich, ohne dabei immer nur an sich, sondern an das Gemeinwesen denken zu können. Es ist also eigentlich erst das Alter, dass uns geistreicher, vielfältiger, dynamischer, also *wirklich* jung werden lässt.

Und so ist es auch das Alter, das einen differenzierten Blick auf die Welt und auf die Macht ermöglicht. Es ist das Alter, das Höhen und Tiefen hinter sich hat, das einen entlarvenden Blick auf Verlockungen, Verführungen und Traumwelten ermöglicht. Und es ist das Alter, das die Erfahrung in sich trägt, dass Menschen moralische Etiketten und Plattitüden wie Gerechtigkeit und Solidarität benützen, um ihre Mitmenschen auszunützen, zu betrügen oder um Macht zu erlangen. Gewiss, es gibt Menschen, die Zeit ihres Lebens *Kind* bleiben, die angesichts ihres stets »jungen« Seelenalters Etiketten, Oberflächlichkeiten und der Macht hinterhereifern. Genauso wie es viele dem Lebensalter nach *junge* Menschen gibt, die eine adäquate Reife besitzen, bei vielen, weil sie schon in jungen Jahren die Härten des Lebens erfahren mussten, etwa weil sie sich bereits als Jugendliche einem Lehrberuf stellen oder in der Familie Angehörige pflegen mussten. Aber viele andere müssen sich die Reife erst mühsam erarbeiten, weil es ihnen zu lange zu gut ging und sie daher nicht sehen, was um sie herum passiert.

Arbeitet nicht und holt euch, was euch zusteht

All jene, die diese Reife nicht haben und angesichts der Verherrlichungspropaganda um sie herum auf ihre eigenen Interessen fokussiert sind, sind freilich anfällig dafür, Systeme auszunützen. Und wer Systeme ausnützt, sich das holt, was einem (scheinbar oder versprochenerweise) zusteht, ohne seinen eigenen Beitrag zum Gemeinwesen zu leisten, nützt andere Menschen aus. Dabei handelt es sich um einen Dominoeffekt. Denn auch jene, die tugendhaft, erfahren, gemeinwohlorientiert sind, können kippen, wenn sie bemerken, dass das System jene begünstigt, die das System ausnützen. Dann macht sich Demoralisierung breit und die Tugendhaften wollen nicht mehr die Blöden sein, die alles tragen, damit sich immer mehr alles nehmen können.

Da die Parteipolitik Wahlen gewinnen möchte, gibt sie dem Anspruch der Lautesten und Gefinkeltsten nach, in der Hoffnung, dass es genug andere gibt, die angesichts ihres Arbeitseinsatzes dieses Spiel gar nicht mitbekommen. Oder aber, die erpressbar sind, weil sie sich etwas aufgebaut oder etwas erreicht haben. Wenn man Gefahr läuft, dass einem etwas weggenommen wird, dann wird man eher stillhalten. Auch hier zeigt sich wieder: wer sich lautstark auf seine (mitunter selbst verursachte) »Schwäche« beruft, ist mächtiger als die »Starken«, die etwas zu verlieren haben. So kann es passieren, dass die Republik der Tugendhaften von der Tyrannei der (an Tugend) »Schwachen« zersetzt wird.

Mit Utopien zur Dystopie

Nun werden die Versprechungen an die potenziellen Wähler immer tollkühner. Um die eigene Partei zu retten. Indem diese aberwitzigen Versprechungen aber spalten, schaden sie dem Gemeinwesen, dem Staat. Außerdem geht es nur um Einzelmaßnahmen, um Etiketten, die aber für einen Teil der Bevölkerung bedrohlich daherkommen, zum Beispiel als marxistische Enteignungsfantasien oder als polternde Hetzjagd, bei der einzelne Personen an den Pranger gestellt werden.

Die Floskeln der Wahlwerber, die eigentlich nur Machthaber sein wollen, werden als undurchführbar entlarvt. Nach dramatischen Anfeindungsaktionen oder gar terroristischen Handlungen hört man nur »dafür ist kein Platz in unserer Gesellschaft« oder »Nulltoleranz«. Abgesehen davon, dass diese Phrasen abgedroschen sind, sind sie wertlos, da sich nach einer kurzen Empörungswelle danach doch nichts ändert. Es bleibt nicht nur ein Platz und Toleranz für hassmotivierte oder verhetzende

Taten, die ohnmächtige, tatenlose und kleingeistige Politik des Phrasendreschens, des Sich-wichtig-machens und der Einzelmaßnahmen-Ankündigungen sorgt auch noch dafür, dass die nächste Hass- und Empörungswelle noch dramatischer wird. Und wenn was passiert, sind ohnehin nicht die Machthaber und Politiker schuld, die die Situation, wie geschildert, von Mal zu Mal verschlimmert haben, sondern die Beamten im Staat. Erzwungene Rücktritte auf Beamtenebene, keinesfalls auf Politikerebene.

Die Parteipolitik, deren machtfokussiertes Handeln niemand mehr braucht, bleibt handlungsfähig. Der Staat, nach dessen Handeln die Staatsbürger immer mehr fragen, wird handlungsunfähig. So dominieren schöne Politiker-Versprechungen und Anbiederungen, zu denen auch der Staat missbraucht wird, das Geschehen. Während sich der Staat mit den Machthabern und Politikern sowie ihrer medialen Außenwirkung zu beschäftigen hat, ist er immer weniger in der Lage, sich seinen ureigensten Aufgaben zu widmen. So führen die utopischen Versprechungen der Parteipolitik zu dystopischen Entwicklungen im Gemeinwesen.

Klassenfahrtstimmung

Utopien *verlocken* nicht nur, sie *locken* auch. Der Traum von schrankenlosen Freiheiten (tatsächlich von schrankenlosen *Privilegien*), vom schrankenlosen Sozialstaat, von bedingungsloser Willkommenskultur zieht Menschen an. Neben jenen, die um ihr Leben bangend vor tatsächlicher Verfolgung fliehen, zieht es Glücksritter an. Das Narrativ der Einwanderungspolitik hat mit Einwanderungspolitik nichts zu tun – es gibt nämlich gar keine Einwanderungspolitik, höchstens eine Symptomreaktionspolitik. Tatsächlich ist es das innenpolitische Narrativ einer Ellbogengesellschaft von Privilegienrittern, die dank modernster Kommunikationsmittel nach außen wirkt.

Und so kommen sie, die Glücksritter, überwiegend männlich, jung, stark. Sie kommen nicht in Todesangst, aber mischen sich unter jene mit Verfolgungsängsten. In der Masse sind sie von den anderen nur mehr unter erheblichen bürokratischen Aufwänden herauszufiltern. Und in einem total verrechtlichten und fein nivellierten Super-Rechtsstaat, der die Rechte eines jeden Einzelnen bedingungslos dem Gemeinwohl einer (einst) funktionierenden Gesellschaft unterordnet, haben sie die Chance auf lange Verfahren, die – mit etwas Glück und wenn genug kommen – ein justizstaatlich bedingtes Bleiberecht schenken.

Die Art und Weise, wie diese Privilegienritter herkommen, löst zusätzliche subjektive Unsicherheitsgefühle bei immer größeren Teilen der Staatsbürger aus. Wo auf der Route etwas im Wege steht, wird Gewalt eingesetzt, man zerstört Zäune und andere Grenzeinrichtungen, man missachtet brutal Grenzen, die Lebensadern von Staaten. Man wirft Flaschen und andere gefährliche Gegenstände gegen die Repräsentanten staatlicher Sicherheit, wendet Gewalt gegen Beamte an, die ihrer gesetzlich vorgesehenen Aufgabe des Grenzschutzes nachkommen. Diese Beamten sind keine Repräsentanten von autokratischen

Systemen, sondern von demokratischen. Die Gewalt, die hier von den Glücksrittern angewendet wird, hätten sie in dieser Form gegen die Staatsrepräsentanten nicht-demokratischer Systeme niemals gewagt. Gegen demokratische Institutionen sind sie nun ein willkommenes Mittel der Erpressung, aber bereits bei Eintritt in das andere System auch ein klares Statement der Miss- und Verachtung dieses demokratischen Systems.

So nehmen immer mehr Staatsbürger des demokratischen Systems diese Erpressungshandlungen – gewiss Einzelner, von denen aber Massen profitieren – als Auswüchse einer Klassenfahrtstimmung Halbstarker wahr. Einmal im Land, »*im* System«, kommen neben den subjektiven Unsicherheitsgefühlen dann auch noch Ungerechtigkeitsgefühle hinzu. Weil Staatsbürger, die den Wohlstand und die Freiheit erwirtschaftet und erkämpft haben, die hier mit der Gießkanne an an diesen Errungenschaften unbeteiligte Dritte verteilt werden, diesen nicht eine solche Willkommenskultur entgegenbringen. Vielmehr werden sie ins Abseits gedrängt, beziehen Mindestpensionen, warten Monate auf ärztliche Behandlung oder müssen erkennen, wie die eigene harte Arbeit für den Staat in immer mehr Forderungen des Staates ausartet. Was muss man noch alles schaffen? Wieviel Veränderung des eigenen Lebensumfelds, ohne jemals selbst eine Migrationsentscheidung getroffen zu haben, muss man noch hinnehmen? Wieviel mehr Diversität ohne jeden Zusammenhalt muss man noch ertragen? Und wem nützt diese ganze scheinbare und bedingungslos unhinterfragte Vielfalt? Immer noch mehr Anleitungen, wie wir das »schaffen«. Aber wozu und für wen? Wer profitiert von alledem, während man erlebt, wie sich das politische System, die Sicherheit, das Gesundheitswesen, das Bildungssystem und vieles andere in den letzten Jahrzehnten zunehmend und immer dynamischer ins Negative, ins Dysfunktionale, in ein Multiorganversagen entwickeln. »Was unterscheidet den Staat von einer Räuberbande?«

Wem zum Nutzen?

Immer mehr fragen sich, wer will hier ein einst funktionierendes System gezielt destabilisieren. Oder wer will einfach nur Geld damit machen und nimmt die staatliche Destabilisierung dabei bedingt vorsätzlich in Kauf? Den betroffenen Glücksrittern kann in einem System, das solches Glücksrittertum regelrecht anbietet, dabei aber den Tod und die Gefahren eines solchen Systems für die Betroffenen und die Verunsicherung der eigenen Staatsbürger in Kauf nimmt, kein Vorwurf gemacht werden. Die meisten Menschen, die sich als Konsumenten fühlen, dürfen und würden so handeln, für sich das Beste herausholen und dafür auch das Abenteuer suchen. Dem Staat ist der Vorwurf zu machen, oder besser den Parteipolitikern, die ihn umklammern. Der Staat ist für das Gemeinwohl seiner Staatsbürger da und nicht für das Einzelwohl von Glücksrittern. Nicht nur Schengen ist kaputt. Das ganze System ist pervers.

Für viele, vielleicht schon über vierzig Prozent, scheint der demokratische Staat, der sich ja auch selbst immer mehr in Frage stellen lässt, jedenfalls nicht mehr Teil der Lösung, sondern Teil des Problems zu sein. Was wird die weitere Konsequenz dieses Stimmungsbilds sein? Es ist eine Situation, die für alle fatal werden kann. Für die einen, weil die falschen Glücksritter-Erwartungen nicht mehr erfüllbar sind, für die anderen, weil der Staat nicht mehr in der Lage sein wird, Schutz vor Verfolgung anzubieten. Für die einen, weil sie sich mit so einem Staat nicht mehr identifizieren und diesen immer mehr in Frage stellen. Für die anderen, weil sie sich selbst bei der Einwanderung noch an alle gesetzlichen Vorgaben und Spielregeln des staatsbürgerlichen Miteinanders gehalten hatten und nun erkennen, dass Rechtswidrigkeit gegenüber rechtskonformem Verhalten privilegiert wird.

Die Testosteronfrage

So sind sie nun da. Viele junge Männer, die das System republikanischer Tugend nie kennengelernt haben und es auch hier nicht mehr kennenlernen werden. Die aus kaputten Systemen kommen und das System hier dennoch verachten. Denen keine Tagesstrukturen gegeben werden, weil man sich als Politiker, der gewählt werden möchte, dem unbequemen Vorwurf von Arbeitszwang aussetzen müsste. Die, weil sie keine Tagesstrukturen haben und daher die ganze Woche, den ganzen Tag auf der Straße verbringen können, die Zeit totschlagen und dabei die Ellbogen-Umgangsformen, ohne die sie die »Klassenfahrt« nicht überstanden hätten, hier fortsetzen können. Die von immer mehr Staatsbürgern als Sicherheitsbedrohung, als Gerechtigkeitsbedrohung und als Bedrohung eines nicht patriarchalischen Systems wahrgenommen werden.

Die Angst vor dem Patriarchat aber, sehen viele immer weniger durch noch mehr demokratische, liberale oder feministische Parolen gelindert. Das drohende Patriarchat wird sich möglicherweise nur mit einem eigenen Patriarchat verhindern lassen. Ein System, vor dem junge, starke Männer wieder Respekt haben, wie vor dem eigenen System in der Heimat. Das drohende Patriarchat sieht man durch noch mehr Feminismus und Glorifizierung der Homosexuellen- und Transgenderszene nur noch mehr bestärkt in der Notwendigkeit seiner Ausbreitung. Kann es sein, dass das kurze Lucidum intervallum der Frauen-, Homosexuellen- und Transgenderbewegung nur eine kurze Übergangsphase von einem alten Patriarchat in ein neues war. Wird es zu einem Machtkampf der Patriarchate kommen? Oder wird, wie manche glauben, eine künftige feministisch-homo-transsexuelle Erziehungsdiktatur diesen Mehrfrontenkampf für sich entscheiden können?

So manche Politiker von Parteien, die gerne den Staat und seine Beamten als altmodisch und einer offenen, grenzenlosen Gesellschaft hinderlich darstellten, gestehen nun schon ein, dass die Politik auf einem Auge blind gewesen sei. Nun, wenn man als solcher Politiker auch nur einmal den Beamten in den einschlägigen Bereichen zugehört hätte, müsste man sich selbst jetzt nicht diesen Vorwurf machen. Andererseits gibt es auch Politiker, die aus den majestätischen Säulenhallen des Parlaments gute und gut gemeinte Ratschläge an Bürger erteilen, die in Schwerarbeit für die Republik versinken. Und das alles nur um mit »Aktivismus«, der in Wahrheit billiger Aktionismus ist, gut dazustehen.

Veränderung nur bei den anderen

Indes kann man mit Begriffen wie Diversität von diesen bevorstehenden Machtkämpfen noch ablenken. Mit Begriffen wie Diversität kann man von Menschen, die sich fragen, warum sie sich auf einmal anpassen müssen, verlangen, das Neue unhinterfragt hinzunehmen. Integration der Fremden wird auf einmal zur Bringschuld derer, die schon da sind. Und es sind auch immer mehr einstige Zuwanderer, die sich vor Jahrzehnten und Jahren für die Erlangung eines Aufenthaltsrechts selbst noch staatsbürgerlich zu verhalten und Vorschriften einzuhalten hatten, die diese Ungerechtigkeit nicht verstehen. Es sind Menschen, die nicht verstehen, warum ihre einstigen Verfolger deretwegen sie hierher kamen, hier nun das System willkommenerweise errichten dürfen, vor dem sie einst flohen.

Und dann sieht man sich Beschreibungen von beliebten Urlaubsdestinationen, wie zum Beispiel Dubai an, in denen dargestellt wird, dass Frauen sich zu jeder Tages- und Nachtzeit überall sicher frei bewegen können, der Staat jede Gefahr abschirmt, ein friedliches Zusammenleben besteht und keine Kulturkämpfe stattfinden. Manche müssen feststellen, dass das alles bei uns nicht mehr gegeben ist. Warum haben wir uns verändern müssen? Warum mussten wir eine friedliche Gesellschaft, ein Gemeinwesen, in dem nach all den Katastrophen des Patriarchats, Diktaturen und Weltkriegen wieder ein Zusammenleben in Harmonie möglich war, aufgeben für eine diverse Welt, in der sich nur die verändern müssen, die schon da waren?

Wenn alle ihre Rechte leben dürfen, wird man selbst sein Recht auf die eigene Heimat mit ihrer eigenen Kultur behalten, ohne dafür an den Pranger gestellt zu werden? Wird die eigene Kultur mit eigenem Wertefundament, das zum Beispiel auch das Ergebnis der katastrophalen Erfahrungen eines fundamentalistischen Krieges im 17. Jahrhundert, sowie totalitär-patriarchalischer Systeme in der ersten Hälfte des 20. Jahrhunderts ist, auch in paar Jahren noch ihre Daseinsberechtigung haben? Warum müssen die eigenen Traditionen und Werte jetzt auf einmal und immer schneller anderen Platz machen, in immer größerem Ausmaß? Wenn es denn nicht bloß ideologische Antworten auf solche Fragen gäbe, wäre der sich abzeichnende Wechsel des politischen Systems vielleicht nicht ebenfalls so schnell wie der wahrgenommene kulturelle Wandel.

Die nicht identifizierte Parallelgesellschaft

Es gibt sie überall, die Markierungen der Veränderung, die Vorzeichen einer neuen Zeit. Manche meinen sogar, kaum ein deutsches Wort mehr in der U-Bahn oder den Fußgängerzonen zu hören. Laut aufgedrehte Musik in vorbeifahrenden Autos. So viele Fahnen wie schon seit Jahrzehnten nicht mehr. Ganz schwarze Kleidung bei den einen. Reinweiße Kleidung einschließlich ganz weißer Schuhe und ebensolcher Socken bei den anderen, schön einheitlich vor allem bei den »Jungen«. Und überall bei allem Feminismus und (Trans-)Gender dennoch der Hauch neuer, patriarchalischer junger Männlichkeit. So hört man auch immer häufiger den Begriff Parallelgesellschaft. Und doch sind es jene, die man aufgrund von äußerlich Wahrnehmbarem rasch in die Schublade einer »Parallelgesellschaft« steckt. Tatsächlich aber sind es immer öfter sie, die das Funktionieren unserer Welt aufrecht halten. Sie sind es, die die Lebensmittelgeschäfte am Laufen halten oder sich dem Lehrberuf des Friseurs stellen. Sie sind es, die nicht in die Komfortzone des Home-Office verschwinden können. Dann und wann wird für sie geklatscht. Sie sind es, die Berufe erlernen und ausüben, für die sich viele junge Menschen zu gut oder zu männlich sind. Die, die sich für solche Arbeiten für die Republik, für den Staat, für die Menschen, zu gut sind, steckt man hingegen nicht in die Schublade einer Parallelgesellschaft. Wer den ganzen Tag am bequemen Uni-Campus mit Supermarkt und Lokalen und am Abend in den Feierlokalen und Universitäts-Clubbings herumkugelt, wird nicht als Teil einer Parallelgesellschaft gesehen.

Wer ist die neue Parallelgesellschaft? Sind es die, die sich wie einst vorangegangene Generationen bereits in jungen Jahren der Arbeit stellen? Oder sind es jene, denen bereits in der Volksschule eingetrichtert wird, im Kastensystem ganz nach oben aufzusteigen? Sind es jene, die sich dem Lehrberuf tatsächlich stellen und jene, die zum Teil von Montag frühmorgens bis Samstag abends im Lebensmittel- und Getränkehandel beziehungsweise im Schichtdienst im Gesundheitswesen arbeiten? Oder sind es jene, die nicht ihren Leidenschaften und vielleicht Pflichten folgend, sich einen Adelstitel der Moderne nach dem anderen holen, um Hobbyphilosoph zu spielen und sich einbilden zu können, sich nicht mit halben Wahrheiten auseinandergesetzt zu haben. Und die sich einbilden, ohne berufliche Höhen- und Tiefenerfahrung über andere entscheiden zu können oder sich einfach nur intelligent oder als etwas Besseres fühlen zu können? Wenn wir schon so sehr an früheren Werten festhalten: wo sind die tatsächlichen Vorzeichen einer neuen Zeit, künftiger Machthaber? Wer ist die neue Parallelgesellschaft? Vielleicht jene, die trotz aller scheinbaren Gleichheitserrungenschaften der vergangenen Zeit wieder stärker denn je in Kategorien eines Kastenwesens denken und dabei auf »billige« Arbeitskräfte von anderswo setzen, weil man sich selbst zu gut dafür ist? Entwickelt sich also noch gar kein religiöses Patriarchat, sondern ein Kasten-Patriarchat als Übergangssystem?

Kooperation als Selbstzweck

Es gab einmal eine Idee. Von einem staatsähnlichen Gebilde, das Kriege und Konflikte, Grabenkämpfe und Blitzkriege, Bombenteppiche und Invasionen zwischen seinen Völkern für alle Zeit von vornherein ausschließen sollte. Solange es diesem Ziel und Zweck, der Sicherheit seiner Bürger gerecht wurde, stieg dieses politische Wesen auf, wurde immer größer, fast schon expansionistisch. Zu dieser Idee der Sicherheit gesellten sich neue, große Pläne. Die »Freiheit« rückte gegenüber der Sicherheit in den Vordergrund. Die Privilegien wie Wohlstand wurden zum Mittelpunkt des Daseins erhoben. Und es entstand ein gewaltiger Parlaments-, Gerichts- und Verwaltungsapparat. Ein regelrechtes Bürokratie-Monster, das sich von den Bürgern immer mehr entfernt, weil es um sich selbst kreist. Weil es die Sicherheit seiner Bürger nicht mehr im Blick hat. Die Sicherheit aller wurde dem Komfort einiger (die immer weniger werden) geopfert. Das System ist nicht mehr für die eigenen Bürger da, sondern für euphemistische Etiketten, die dem Machterhalt dienen. Es geht nur mehr um das Überleben des eigenen Parlaments-, Gerichts- und Verwaltungs-Apparats.

Und jetzt sind sie auch wieder da: die Konflikte und auch die Kriege, die Gräben und die blitzartige Veränderung des gewohnten Lebensumfelds, die Bomben und die Invasionen. Und die Menschen fragen sich, wozu? Was ist der Zweck der Regierung? Das Gemeinwohl? Oder der Machterhalt? Wann immer Staatenbünde nur mehr dem

Selbstzweck des Machterhalts gedient haben oder zumindest als solche wahrgenommen wurden, waren ihre Tage bereits gezählt. Und auch wenn sie in sich gespalten waren und es auch blieben.

»Ein in sich gespaltenes Haus hat keinen Bestand.
Dieses Land hat keine Zukunft solange die eine Hälfte frei
ist und die andere versklavt. Ich glaube nicht, dass das
Haus aufhören wird, zu existieren. Aber es wird aufhören,
in sich gespalten zu sein. Es wird entweder ganz das eine
oder ganz das andere sein.«

Abraham Lincoln

Globale Transformationsphase

»Regierungen des Volkes, durch das Volk und für das Volk« haben Bestand. Regierungen, denen es nur um Machterhalt geht, sind hingegen ausgeliefert. In einer Welt im Umbruch, im sich vollziehenden globalen Systemwechsel geraten jene Systeme ins Hintertreffen, die in sich gespalten und uneinig sind und es auch bleiben. Während endlose Ressourcen in innere Streitereien, Machtkämpfe und Rechtssysteme gepulvert werden, die aus falsch verstandenen Einzelfalltoleranzen das Gemeinwohl und somit das Gemeinwesen aus den Augen verloren haben, werden jeden Tag andernorts auf der Welt Machtfragen entschieden, die von dieser Uneinigkeit profitieren. Längst ist das eigene System nicht mehr autark. Man ist in militärischen, ebenso wie in Wirtschaftsfragen abhängig geworden. Sogar der äußere Schutz der Grenzen, der Außenhaut des funktionierenden Organismus, ist abhängig von den Entscheidungen in anderen, zum Teil autoritären und machtbesessenen Ländern. Und auch die innere Sicherheit, das Funktionieren der Organe selbst, ist abhängig von Entscheidungen und Konflikten fernab.

Die Menschen spüren, wie sich die globale Transformation immer stärker im Alltag auf sie auswirkt. Sie spüren, dass die Machtkämpfe im eigenen Land den weltpolitischen Machteiferern in anderen Erdteilen in die Hände spielen. Globale Machtverschiebungen finden regelmäßig statt. Vor ihnen braucht man sich in einem starken und zur Verteidigung seiner Werte bereiten Gemeinwesen nicht fürchten. Aber die Menschen haben das Gefühl, dass man gar nicht mehr zur Verteidigung seiner Werte bereit ist und dass man gar nicht stark ist. Weil in den letzten Jahrzehnten die jeweiligen Generationen immer weniger zu Staatsbürgern eines Gemeinwesens erzogen wurden, sondern zu marktschreierischen Konsumenten, die auf ihre eigenen Privilegien bedacht sind.

Das Ende des demokratischen Zeitalters

Die fehlende Einigkeit im Inneren wird auch noch deutlicher, wenn man sich die gegenwärtigen Brandherde für mögliche eskalierende globale Konflikte ansieht. Sowohl in Bezug auf die Kontrahenten im Russisch-Ukrainischen-Krieg als auch im seit 1948 und bereits davor schwelenden und immer wieder ausbrechenden Palästinensisch-Israelischen Krieg, verlaufen die Gräben auch innerhalb unserer eigenen Gesellschaft und zwar nicht nur aus ideologischen, sondern auch aus Volkszugehörigkeitsgründen. Gerade mal beim dritten möglichen Brandherd für einen baldigen globalen Konflikt, der Taiwanfrage, ist Europa nicht derart offensichtlich ethnisch betroffen, sehr wohl aber wenn man an wirtschaftliche Aspekte denkt. Andere Weltmächte, wie etwa das aufsteigende China, Indien oder Russland, aber sogar die Vereinigten Staaten scheinen bei all diesen Konflikten eine weitaus größere innere Homogenität, Einigkeit und somit auch Resilienz aufzuweisen. Dieser Vergleich erhöht die Unsicherheit, wenn es um die Frage möglicher künftiger Konflikte und Machtverschiebungen geht, zusätzlich.

Die Unsicherheit steigert sich dann noch einmal, wenn man die drohenden Konflikte auch als einen neuen »Weltkrieg« der politischen Systeme einer inzwischen, oder bald wieder, *bipolaren Welt* begreift, als einen globalen Bürgerkrieg zwischen der (schein-?) *demokratischen* Welt einerseits und einer sich zunehmend autokratisierenden Welt andererseits. Wie wird die Einigkeit der eigenen Bevölkerung aussehen, wenn ein Teil das eigene System gar nicht als demokratisch wahrnimmt und daher seinerseits den Systemwechsel herbeisehnt? Wo doch gerade weltweit die Autokratien wieder auf der Überholspur sind. All das sind offene Fragen, bei denen nur eines feststeht: die weltweiten Machtverhältnisse beginnen sich zu verschieben. Und vielleicht spüren manche, dass *wir* selbst das Ende des demokratischen Zeitalters eingeläutet hatten, durch Missinterpretation der *Demokratie* als *Selbstherrschaft* der Vielen ohne Tugend.

>*»Diktatoren haben die Gewohnheit, schleichend*
>*an die Macht zu gelangen.«*

Max Thürkauf

Goldener Nachmittag und unbewusste Selbstaufgabe

Der Wanderpokal der Weltherrschaft ist bereit zur Übergabe. Die Wissenschaft publiziert es. Die Politiker ahnen es. Und die Bevölkerung spürt es. Seit es Weltmächte gibt, waren diese europäisch oder zumindest angloamerikanisch. Diese jahrhundertelange Vormachtstellung wirkt noch nach, glänzt noch einmal in Gold auf. Man kann sich in technologischer, kultureller und zivilisatorischer Hinsicht noch darauf ausruhen. Noch ist man mit seinen Verbündeten in Wirtschaftsrankings ganz oben. Noch kann man mit dieser Macht noch Weltpolitik machen oder darf zumindest gedanklich daran teilhaben.

Der über Jahrhunderte angesammelte globale Reichtum gibt noch einmal die Möglichkeit, den eigenen Nachwuchs in »Philosophie«, Politologie und Geschichte ausbilden zu lassen, während die Alltagsnotwendigkeiten von anderen – und immer häufiger »outgesourct« in anderen Ländern – besorgt werden, unter immer schwierigeren Arbeitsbedingungen.

Den Blick für das Wesentliche einer Gesellschaft und des Gemeinwesens zu verlieren, beschleunigt den Abstieg. Sich mit unwesentlichen Fragen von Äußerlichkeiten, Titeln und Angeborenem zu beschäftigen, sich nur mehr mit sich selbst zu identifizieren, seine eigene Identität über alles zu stellen und gleichzeitig das Gemeinwesen und somit die, die anders sind, immer stärker in Frage zu stellen, wird auch nicht dadurch besser oder edler, wenn man es mit schönen, aber falschen Worthülsen wie *Demokratie* zu umschreiben versucht.

Wann immer Weltreiche untergingen, waren Dekadenz, Tugend- und Arbeitsscheu eine ihrer letzten Etappen.

Spielball fremder Völker

Es ist auch in Ordnung, wenn man diesen Prozess gar nicht mehr aufzuhalten versucht, weil man sich lieber Detail- oder gar konstruierten Scheinproblemen widmet, anstatt das System als Ganzes neu aufzustellen. Aber dann sollte man das den Menschen – und auch den Staatsbürgern, die sich noch abrackern – offen kommunizieren. Andernfalls darf man sich nicht wundern, wenn der schleichende, aber immer schneller vonstattengehende globale Systemwechsel von einem innenpolitischen Systemwechsel links und rechts überholt wird. Immer mehr Menschen wollen das System abgelöst wissen, weil sie das Gefühl haben, von den vielen schnellen Transformationen und Veränderungen im Inneren überfordert zu werden.

Eine Weltmacht, die immer mehr innerlich gespalten ist, selbstherrlich keine Notwendigkeit der Weiterentwicklung des eigenen Systems, etwa durch die Rückkehr zur Tugend sieht, gibt sich damit dem Teufelskreis der Oligarchie preis. Gleichzeitig wird sie immer stärker von außen von ihren tatsächlichen oder vermeintlichen Gegnern abhängig und muss sich darauf einstellen, bald keine Weltmacht, womöglich bald auch keine Großmacht mehr zu sein. Vor allem wenn die eigenen Systeme ineffektiv bis völlig handlungsunfähig geworden sind. Selbstverschuldet zur Regionalmacht degradiert, wird man zwangsläufig zum Spielball anderer Mächte. Auch das ist in Ordnung – müssen die Vereinigten Staaten und Europa für alle Zeit ihre Hegemonie behalten? Eine ewige Hegemonie findet in der Geschichte auch keinen Beleg. Aber dann muss auch das kommuniziert werden. Dass, wenn alles so weiterläuft wie bisher, alles Gewohnte zu Ende sein wird.

Flüsterwitze

Die Machthaber wollen sich mit diesen Veränderungen im Inneren und im Weltgefüge aber nicht auseinandersetzen. Für sie steht der Machterhalt an oberster Stelle, weshalb man sich nicht um die großen Fragen kümmern kann. Entscheidender als die absinkende Position des Volkes, ist die eigene Rangordnung und protokollarisch vorgegebene eigene Position, wer höher sitzen darf.

Die Demokratie, mit der das eigene Weltmodell erklärt und die als weltpolitisches Exportgut hochstilisiert wird, ist zum Selbstzweck verkommen. Zur Herrschaft *der* Repräsentanten *für* die Repräsentanten und *durch* die Repräsentanten. Alle paar Jahre scheinlegitimiert bei Wahlen, bei denen die Bevölkerung ja doch nur eine Auswahlmöglichkeit hat. Sich immer öfter die Frage stellt, wozu wählen, wenn es ja doch keine Veränderung im System gibt, nur eine Veränderung des Machtinhabers.

Weil das Volk spürt, dass es diese Oligarchie, trotz immer wieder gewährter *Brot und Spiele*, nicht durchbrechen kann, auch nicht bei den Wahlen, die die Situation noch jedes Mal verschärft haben, beginnt es nun, sich in sein privates Biedermeier zurückzuziehen und sich dort über die Herrscher und das System der Macht lustig zu machen. Beamte, die die Autokratie der Machthaber schon längere Zeit beobachten konnten, bedienen sich schon länger der Flüsterwitze. Schließlich braucht man, wenn man durch die Wüste geht, zwei Dinge: Geduld und Humor. Die Flüsterwitze der Bevölkerung lassen sich aber immerhin noch in den sozialen Medien nachlesen. Aber auch das lässt die Machthaber, auf die Macht fokussiert, kalt, manchmal werden sie aber auch angriffig. Die Menschen beginnen schon neurotisch zu werden, wenn es um die Frage geht, was man überhaupt noch sagen oder schreiben darf und was nicht.

Und so kommt Kritik am System der Macht schon länger nicht mehr, weder aus dem Beamtenapparat, dem Staat, noch aus der Wissenschaft, Teil der Timokratie – von manchen aus der Bevölkerung als Wächter gesehen –, vor allem wenn man sich seine Karriere nicht selbst zerstören will. Und auch immer weniger aus der Bevölkerung, man will sich doch nicht verklagen lassen. So bleibt neben den Flüsterwitzen doch wieder nur eine einzige Protestmöglichkeit: die nächsten Wahlen.

Freeze, Flight, Fight

In einem System, das nur mehr dazu da ist, seine Machthaber und oberen Kasten am Leben zu erhalten und das so sehr mit sich zu kämpfen hat, ist es also für die Menschen schwierig noch einen Zugang oder Kontakt zu diesem System zu finden oder aufzubauen. Sie hören, dass sie sich von den Politikern und mit ihnen vom Staat, den Eliten, der Wissenschaft und Europa entsolidarisieren. Aber aus ihrer Sicht sind es die Politiker, der Staat, die Eliten, die Wissenschaft, Europa, die sich von ihnen abgehoben und entsolidarisiert haben.

In dieser Situation sehen immer mehr nur drei Möglichkeiten damit umzugehen: zu erstarren, sich tot zu stellen. Zu flüchten, zum Beispiel ins Private, mit immer weniger Kontakt zu den (sozialen) Medien. Oder zu kämpfen und ebenso bissig und angriffig zu werden, wie das System selbst. Außer jene, die es schaffen in dieses System der Eliten, der Mächtigen, der Politik, der Wissenschaft zu kommen. Dann kann man sich arrangieren. Dann ist man Teil des Ganzen. Dann muss man sich aber jeden Tag mit dieser hohen Kaste solidarisieren, muss vieles wie bei einer Sekte ungeprüft mittragen und doch wieder bissig sein. Und zwar all jenen gegenüber, die einem bei diesem Spiel im Weg stehen. Und auch das schützt nicht davor sich eines Tages selbst dieser Isolation aussetzen zu müssen, wenn es einem dann doch irgendwann zu viel wird, man dann doch einmal ausschert.

An Bord der Titanic

Es war einmal eine Gesellschaft, die zum Zweck der Darstellung ihrer eigenen Größe und Moderne und zum Zweck des Komforts auf die Sicherheit verzichtet oder vergessen hat. Am Anfang ging alles ganz langsam und nur die untersten Schichten bekamen das Ausmaß des Versagens mit. Sie setzten ihre ganze Kraft ein, um gleichzeitig mehrere Löcher zu stopfen. In den oberen Klassen und am Panoramadeck wurden die Berichte von »unten« nicht ernst genommen und als Panikmache abgestempelt. Um weitere solche Berichte von vornherein zu vermeiden, wurden die unteren Ränge noch mehr eingeteilt und eingetunkt. Irgendwann stand das Wasser auch den Menschen am A-Deck, am Panoramadeck und auf der Kommandobrücke bis zum Hals. Das System hatte da aber schon solche Schieflage, dass sowohl das Ruder als auch die Schiffsschrauben bereits über der Wasserlinie waren. Das System konnte sich aus eigener Kraft nicht mehr befreien. Und musste auf Hilfe von außen hoffen.

Eschede

Es war einmal eine Gesellschaft, die mit extremer Geschwindigkeit unterwegs war. Sie glaubte, dass sie mit Blitzgeschwindigkeit der Moderne, einer besseren Welt entgegenfuhr. Es war alles wie aus dem Ei gepellt und aalglatt. Im komfortablen Speisewagen klapperte nicht einmal das Geschirr, alles war geschmeidig. Dank moderner Radreifen, die jeden Stoß abfedern sollten, wurde versucht, allen den größtmöglichen Komfort zu ermöglichen. Dann brach einer dieser Radreifen, mit dem die Sicherheit dem Komfort geopfert worden war.

Der Fahrgast im Abteil, der den sich durch den Boden in das Abteil bohrenden Radreifen mit Entsetzen gesehen hatte, wollte den Zugführer verständigen. Doch der war weit weg, in einem anderen Waggon. Und der Lokomotivführer, der von dem Vorfall ebenfalls nichts mitbekommen hatte, nichts mitbekommen konnte, war auch nicht greifbar. Endlich den Zugführer ein paar Waggons weiter entdeckt, gab dieser an, dass er aufgrund der Vorschriften nicht sofort handeln dürfe. Er müsse den Schaden zuerst selbst begutachten. So begab sich der Fahrgast mit dem Zugführer zurück zu dem Waggon, wo das Versagen sichtbar war. Doch am Weg dorthin begann der Zug bereits zu schlingern, zunächst langsam, dann immer schneller und dramatischer. Bis das System katastrophal entgleiste.

Der Zugführer hatte bis zum Schluss nichts mitbekommen, wusste nichts von der Entgleisung der mittleren und hinteren Waggons, wusste noch immer nichts von den über hundert Toten, von den von der Betonbrücke regelrecht zerfrästen Waggons. Der Triebwagen war nicht betroffen. Unter den zahlreichen Toten in den mittleren Abteilen hatten viele ebenfalls gar nicht gemerkt, dass die Katastrophe schon seit Minuten ihren Lauf nahm.

Derjenige, der als erster sah, dass hier etwas Dramatisches passiert ist, das den ganzen Zug gefährdet, hatte zunächst keine Hilfe gefunden und dann wurde auf seinen Bericht wegen bürokratischer Vorschriften nicht sofort reagiert.

Das Übergangssystem

Die Menschen spüren das einsetzende Multiorganversagen, das Ende der Sicherheit, das einsetzende Chaos. Sie spüren, dass das System, dass sich in den letzten Jahrzehnten so sehr, mancherorts bis zur Unkenntlichkeit verändert hat, noch irgendwie funktioniert, weil noch genug die Löcher an allen Ecken und Enden stopfen, während andere um immer neue Privilegien rittern. Aber sie spüren auch, dass sie sich bei allem Individualismus, Freiheit und Privilegien auch wieder nach Sicherheit sehnen. Sie spüren, dass das System in eine Übergangsphase tritt, die von jenen dominiert werden wird, die glaubhaft versichern können, wieder das Versprechen der Wiederherstellung von Sicherheit, Ordnung und Gerechtigkeit einlösen zu können. Wer glaubwürdig Sicherheit verspricht, wird im Übergangssystem die Macht innehaben.

Totale Zerstörung für einen Neubeginn

Und die Menschen spüren, dass dieses Übergangssystem nicht zur Rückkehr ins alte System führen wird, sondern in ein neues politisches System münden wird. Ein System, das sich – wie das Übergangssystem – vielleicht noch einige Zeit der alten Etiketten bedienen wird. Andere Menschen können das Übergangssystem nicht erwarten. Viele sind unsicher, weil es den Anschein hat, dass sich dabei das System gar nicht wirklich verändern wird. Es wird wohl auf absehbare Zeit noch ein System der Machtkämpfe bleiben, in dem Menschen zu Schaden kommen. Da dies aber bereits bisher der Fall war, gibt es auch Menschen, die dem Ende des Systems auch positiv entgegensehen und das Ende als Grundlage für einen Neubeginn werten.

Aus dem Albtraum erwacht

Moment einmal! Selbstaufgabe? Flüsterwitze? Übergangssystem? Zerstörung? Neubeginn? Was ist hier los? War alles nur ein böser Traum, aus dem ich soeben schweißgebadet erwacht bin? War deshalb alles so surreal und grotesk? Ich kann gar nicht beschreiben, wie froh ich bin, hier wieder raus zu sein.

Sicher habe ich mich in diesem Albtraum in allem getäuscht und es ist kein *Menetekel*. Ich bin nämlich überzeugt, dass wahrlich *demokratische* Repräsentanten alles Mögliche unternehmen, um solchen Entwicklungen entgegenzuwirken und den oligarchischen Kreislauf, in dem es nur um Machterhalt geht, zu durchbrechen. Denn sonst würden andere Kräfte vorgaukeln, es zu tun. Und ich bin überzeugt, dass die Menschen einer gesunden Gesellschaft, die auf dem Fundament eines gemeinwohl- und werteorientierten Gemeinwesens, der Republik, aufbaut, ihrerseits ihren Beitrag dazu leisten werden, sich nicht weiter in die Gemütlichkeit einer selbstverliebten Selbstherrschaft zu verstricken. Es wäre ja sonst keine Republik mehr – und der Albtraum wäre nicht bloß ein böser Traum gewesen.

»Die Erfahrung hat gelehrt, dass Freiheit ohne Brüderlich-
keit zur Anarchie führt und Gleichheit ohne
Brüderlichkeit zur Tyrannei.«

Richard Coudenhove-Kalergi

Zweiter Teil:

AUFSTIEG, BLÜTE UND NIEDERGANG VON SYSTEMEN

»Je weiter man in die Vergangenheit blickt, desto besser kennt man die Zukunft.«

Winston Churchill

Der Systemkreislauf

Kein System, das menschliches Zusammenleben organisiert, kein politisches System besteht ewig. Die großen Zeitenwenden und Epochengrenzen werden oft erst lange Zeit später als solche erkannt und eingeordnet. Und kein Systemwechsel kam über Nacht, sondern vollzog sich schleichend. In diesem zweiten Teil meiner persönlichen Betrachtungen sollen mir die Rückbesinnung auf prominente Beispiele an Gesellschaftsformen der Vergangenheit, ihre Aufstiege, Blütephasen und Niedergänge, dabei helfen, die Veränderung unseres gesellschaftlichen Systems nicht mit Sorge als eine Krise oder Katastrophe zu betrachten, sondern als Selbstverständlichkeit, als Naturgesetz politischer Systeme seit Anbeginn der Menschheit. Außerdem lassen sich für mich damit nicht nur die Entwicklungen der Gegenwart besser greifen, sondern es ergibt sich damit auch eine breite Auswahl an möglichen Zukunftsoptionen. Es zeigt sich, in welche Richtung es gehen könnte und möglicherweise sogar gehen wird.

»Das Gesicht der Tyrannei ist am Anfang stets freundlich.«

Jean Baptiste Racine

Das Trauma der Fremdherrschaft

Ägypten konnte in der frühen Antike dank der optimalen geographischen Bedingungen gedeihen und, zu Beginn noch völlig isoliert von anderen Kulturen, wachsen. Der Nil war, anders als die Flüsse im Zwischenstromland, ein Strom, der jedes Jahr aufs Neue mit seiner Überschwemmungs-, Saat- und Erntezeit so zuverlässig und vorhersehbar war, dass sogar der Kalender und die Jahreszeiten nach ihm ausgerichtet waren. Der dadurch entstandene Reichtum schien und wurde durch die in Ost und West umgebenden Wüsten und das undurchdringliche Sumpfland des Nildeltas nicht bedroht.

Wahrscheinlich waren es die ägyptischen Herrscher selbst, die nach dem Ende des Wohlstands und der Stabilität des *Mittleren* Reiches einer fremden Kultur erlaubten, sich im Nildelta anzusiedeln. Es war eine Phase der inneren Instabilität, einer zu Gunsten lokaler Fürsten geschwächten Zentralmacht und rasch wechselnder Regierungen angebrochen. Die Geschichtswissenschaft spricht von der *Zweiten* Zwischenzeit von circa 1800 bis 1550 v.u.Z. (vor unserer Zeitrechnung).

Diese Kultur, die Hyksos (griechische Transkription des altägyptischen *Heqau-chasut*: »Herrscher der Fremdländer«) wanderte vermutlich aus den Nahen Osten ein, ihre Eliten dürften aus dem Bereich des heutigen Syrien stammen. Nachdem sie bereits mehrere Generationen im Nildelta, einer damals möglicherweise multikulturellen Region gelebt hatten, übernahmen sie die Macht – auch über weite Teile des übrigen in sich zerrütteten Ägyptens. Ihre Herrschaft dauerte knapp über hundert Jahre und wurde zum kollektiven Trauma der Ägypter. 1530 v.u.Z. wurden die Hyksos von einer ägyptischen Herrscherdynastie entmachtet, die *Zweite Zwischenzeit* endete und es begann das *Neue Reich*. Das Trauma aber blieb und sollte zu einer wieder stärker militärischen und expansiven Ausrichtung Ägyptens führen. Es begann eine neuerliche Blütezeit, die erst durch einen Systemkollaps in der Mittelmeerwelt beendet werden sollte.

Die Zivilisation gerät ins Wanken

Die späte Bronzezeit war eine vernetzte Welt, hatte fast schon etwas von Globalisierung. Die Produktion von Bronze brachte ein Handelsnetzwerk, das Kupfer und Zinn zusammenführte. Zinn wurde sogar aus dem fernen Afghanistan in die Mittelmeerwelt importiert. Zu Beginn des 12. Jahrhunderts v.u.Z. wurden diese Handelswege zunehmend gekappt, Engpässe an den wichtigen Rohstoffen Kupfer und Zinn entstanden. Aber auch Lebensmittelnöte und Überlebenskämpfe der einfachen Bevölkerung, genau wie Machtkämpfe der Eliten. Blühende, weltoffene und multikulturelle Städte wie Ugarit an der heutigen syrischen Mittelmeerküste oder das alte Mykene, das noch wenige Jahre zuvor Troja erobert hatte, gingen ebenso unter wie das Hethiter-Reich. Dieses verschwand mit seiner Hauptstadt Hattuscha in der heutigen Türkei praktisch im Nichts. Andere Städte und das ägyptische Reich, das sich militärisch behaupten konnte, waren weniger betroffen.

»Alle verfügbaren Beweise zusammen ergeben ein
Gesamtbild, das für einen Systemkollaps spricht,

der durch den Multiplikatoreneffekt diverser miteinander
verknüpfter Ereignisse ausgelöst wurde — Katastrophen,
die einander negativ beeinflussten, wodurch sich ihre
Wirkung noch verschlimmerte.« Es war ein
»Dominoeffekt, bei dem der Zerfall einer Zivilisation
den Untergang der nächsten nach sich zog«.

Eric H. Cline

Die Migration der Seevölker

Ein Mosaikstein dieser Entwicklungen waren die »Seevölker«. Dabei handelte es sich vermutlich seltener um barbarische Piraten, die in Blitzmanövern Küstenstädte wie Ugarit plünderten und in Brand steckten, sondern öfter um verarmte, von Abgaben benachteiligte Bevölkerungsgruppen am Rande der Gesellschaft, die krisenbedingt schwindende Autoritäten zu ihrem Zweck nutzten. Waren es die Grenzen der Patrimonialherrschaft, die Überbeanspruchung der Systeme, Versorgungsprobleme, eine Klimakrise, bisher periphere und abhängige Völker, wie die Luwier, die vielleicht den Spieß umdrehten und das bisher mächtigere Volk der Hethiter einkreisten? Was war zuerst da? Die Systemkrise, die die Wanderungen der Seevölker hervorrief oder die Wanderungen der Seevölker, die zum Systemkollaps führten? Jedenfalls kam es dann irgendwann zu einem Dominoeffekt. Ein untergehender Staat verursachte den Untergang des benachbarten. Am meisten betroffen waren die Großreiche, deren starre Bürokratie bereits überbeansprucht war oder die stärker vom Nachschub von auswärts abhängig waren. Profitiert haben kleine Königreiche mit flexiblen Strukturen, die in der Lage waren, auf eine sich ändernde Welt zu reagieren. Ein Teil der aus der Ägäis beziehungsweise Europa stammenden Seevölker siedelte sich an der Mittelmeerküste im Land Kanaan, zwischen Ägypten und dem späteren Königreich Israel an. Es war das Land der Philister, von den Ägyptern Peleset, von den Assyrern Palastu, später von den Griechen Palaistine und von den Römern Palaestina genannt.

Das dunkle Zeitalter

Die Krise am Ende der Bronzezeit hatte gezeigt, wie brüchig die Zivilisation und auch große Imperien sind. Innerhalb weniger Jahre war die Staatenwelt des Mittelmeeres und mit ihr Ordnung, Stabilität und Sicherheit zusammengebrochen. Die von den Seevölkern gekappten globalisierten Handelsrouten, Klimaveränderungen, Naturkatastrophen, Hunger, gesellschaftliche Unruhen und Umbrüche führten zu einem Systemwechsel in der gesamten Mittelmeerwelt, der die Machtverhältnisse auf den Kopf stellte. Bereits die »Seevölker« sollen, mit Eisenwaffen ausgestattet, an den Peripherien der Großreiche zu deren Niedergang beigetragen haben. Der Dominoeffekt der Instabilität führte nun dazu, dass sich Eisen – als Nebenprodukt der bisherigen Metallerzeugung vorher für Werkzeuge verwendet – als Material für Waffen durchsetzte.

Demokratisierung des Krieges und der Schrift

So steht die neue *Eisenzeit* für ein neues, dunkles Zeitalter, in dem zunehmende Gewalt das Ergebnis der erfolgten Umbrüche ist. Aber Waffen aus Eisen anstatt aus Bronze führten aufgrund des erschwinglicheren Materials auch zu einer »Demokratisierung« der Kriegsführung. Nicht nur Menschen aus niedrigeren Schichten konnten sich nun besser bewaffnen. Auch die kleineren politischen Gebilde profitierten von den Veränderungen. Bisher von Großmächten in Abhängigkeit und Tributpflicht gehaltene Völker, wie etwa die Phönizier, stiegen mit ihrem System, einen Staat wie ein See-Handelsimperium zu führen, auf. Mit ihrem Handelsnetz, das sich bald über das gesamte Mittelmeer erstreckte, konnte sich das von ihnen entwickelte Alphabet in alle Himmelsrichtungen ausbreiten. Dies wiederum sollte einen wesentlichen Beitrag zur »Demokratisierung« der Schrift leisten, die nun aufgrund der einfachen Schriftzeichen immer weniger nur von einer hochgebildeten Oberschicht beherrschbar war.

Auch südlich vom Land der Phönizier hinterließ Ägypten ein Machtvakuum, das über die Jahrhunderte zu einem israelischen und judäischen Selbstverständnis und mit dem Bau des ersten Tempels in Jerusalem zur ersten monotheistischen Heiligen Stadt führte.

Armageddon

Im Königreich Israel, im vormaligen Land Kanaan, wehrte man sich gegen das aggressiv expandierende Assyrische Großreich, das von der Krise des dunklen Zeitalters als brutaler Kriegsgewinnler am meisten profitierte. Nachdem die Stadt Megiddo sogar während der ägyptischen Fremdherrschaft zwischen dem 16. und 13. Jahrhundert v.u.Z. weiterhin florierte, verlor die immer wieder umkämpfte und abgebrannte Stadt in dieser Zeit an Bedeutung und wurde schlussendlich aufgegeben. Noch heute steht ihr Schicksal für ein apokalyptisches Ende (Armageddon, abgeleitet von Har Megiddo, »der Berg von Megiddo«).

Ziel der immer weiter reichenden brutalen assyrischen Eroberungen war es, die immer tolleren Bedürfnisse der Herrscher zu finanzieren. Dafür wurden immer weitere Landstriche bis zur Unbewohnbarkeit ausgebeutet und entvölkert. Die Eroberung noch weiter entfernter Gebiete wurde nötig, bis ins Nildelta hinein. Die Terrorherrschaft zum bloßen Zwecke des Machterhalts und der Habsucht der Herrscher wurde angesichts der Ausdehnung irgendwann nicht mehr administrierbar. 612 v.u.Z. marschierte der alte Rivale Babylon in der prächtigen Hauptstadt Ninive ein. Das Assyrische Großreich, das immer wieder von Machtkämpfen um den Thron geprägt war, zerfiel von innen und zerbrach letztlich an seiner eigenen Brutalität. Mit dem Tod seines Herrschers Assurbanipals kippte das ganze System.

Menetekel

Der babylonischen König Nabopolassar, der sich selbst noch »Sohn eines Niemands« nannte, konnte mit der Eroberung der assyrischen Hauptstadt und Machtzentren die untergegangene altbabylonische Blüte des 18. Jahrhunderts v.u.Z. kurz wiederbeleben. Sein Sohn Nebukadnezzar II. konnte weite Teile des bisherigen Assyrischen Großreichs erobern und im Stil der Zeit mit Deportation zum Zwecke der Sklaverei entvölkern. Die eroberten Gebiete wurden zur Stärkung der Loyalität der lokalen Eliten verteilt, während Sklaven kolossale, die Macht der Herrscher zur Schau stellende Bauten in Babylon zu errichten hatten.

Die Eroberung Jerusalems durch Nebukadnezzar II. im Jahr 587 v.u.Z. brachte gemäß der Bibel die Zerstörung des Ersten Tempels des einstigen Königs Salomo und sollte das Schicksal des jüdischen Volkes nachhaltig determinieren. Aber bereits nach dem Tod Nebukadnezzars II. 562 v.u.Z. führten Machtkämpfe um den Thron zum Niedergang und 539 v.u.Z. schließlich zur Eroberung durch Persien.

Gemäß dem Alten Testament wurde am Hofe des babylonischen Königs Belsazar ein rauschendes Fest gefeiert, im Zuge dessen auch der Schatz aus Salomos Tempel entweiht wurde. Plötzlich erschienen der sich selbst feiernden Herrscherschicht ihnen unverständliche Schriftzeichen (aus der eigenen Umgangssprache) an der Wand. Nur der einst von Nebukadnezzar II. nach der Eroberung

Jerusalems verschleppte Daniel, der in Babylon zu einem der höchsten Beamten des Hofs aufgestiegen war, konnte die Schriftzeichen erkennen und den Untergang selbstgerechter Macht deuten:

Mene Mene Tekel Upharsin

Gezählt Gezählt Gewogen Geteilt

Gezählt hat Gott die Tage deiner Herrschaft und macht ihr ein Ende. Gewogen wurdest du auf der Waage und zu leicht befunden. Geteilt wird dein Reich und den Medern und Persern gegeben.

Eunomie und Autarkie

Unzählige griechische Stadtstaaten säumten die Ägäis und weitere Teile des Mittelmeeres sowie des Schwarzen Meeres. Jeder einzelne verstand sich als eigenständiges politisches System, eine einige griechische Welt gab es nicht. Es war eine Stadtstaatenwelt, die zum Experimentierfeld politischer Systeme wurde. Ziel und Zweck des politischen Systems waren die gute Ordnung (Eunomie) und Selbständigkeit (Autarkie). Zur Erreichung beziehungsweise zur Aufrechterhaltung dieses Zustands kamen verschiedene politische Systeme in Betracht: Aristokratie, Oligarchie, Demokratie und sogar Tyrannis. Ausgeschlossen war praktisch nur das System der »Barbaren«, die Monarchie, die in diesen freien Stadtstaaten – anders als in den einstigen altorientalischen – keine nennenswerte Rolle spielte. Jeder der Stadtstaaten sah sich als Personenverband, die Gesamtheit der Bürger machte den Staat aus. Mit dem Bürgerrecht war der Kriegsdienst verbunden.

Die totalitäre Oligarchie der absoluten Gleichheit

Einen Sonderfall, den »Dinosaurier« in der damaligen griechischen Stadtstaatenwelt stellte Sparta dar. Mit seinen zwei Königen war es eine Oligarchie ganz eigener Prägung. Die Autarkie, die Unabhängigkeit von anderen Stadtstaaten, hatte hier einen ganz besonderen Stellenwert. Diesem Gemeinwohl hatten sich die Bürger absolut unterzuordnen. Und so war Sparta eine Gesellschaft von absoluter Gleichheit, strenger Disziplin und der totalen Unterbindung von Wohlstand. Im Alter von sieben Jahren waren die Buben von den Familien in die Obhut des Staats zu geben, der eher einem einzigen großen Militärlager glich als einer Stadt. Vom Staat wurden die Buben zu Soldaten gedrillt, die ihr ganzes Leben dem Staat zu widmen hatten. Die Frauen hingegen hatten ein vergleichsweise hohes Maß an Bildung sowie wirtschaftlicher und sexueller Freiheit. In der Hochzeitsnacht hatten die Ehegattinnen Männerkleidung zu tragen und sich männlich zu geben, da die Männer im oligarchischen Militärstaat zur institutionalisierten Homosexualität erzogen waren.

Jagd auf die arbeitende Schicht

Da die Bürger Spartas sich allein dem Zweck des oligarchischen, in alle Lebensbereiche eingreifenden totalitären Militärstaats unterzuordnen hatten, musste die landwirtschaftliche Arbeit von anderen bewerkstelligt werden. Und zwar von den Heloten, einheimische Siedler der umliegenden Täler, die zwar keine Sklaven waren, aber Eigentum des Staates und somit keine Bürger darstellten. Sie waren Ungleiche unter den einst zugezogenen »Gleichen«. Die Gründer Spartas waren dorische Einwanderer gewesen, die die helotischen Ureinwohner unterwarfen. Nun mussten die Heloten schon über Jahrhunderte das System des oligarchischen Selbstzwecks, den Ruhm und das Dasein der kriegerischen Eliten, mit ihrer Arbeit ernähren, finanzieren und erhalten. Dennoch waren die Heloten regelmäßig der Gewalt der Spartaner ausgesetzt. Teil der Ausbildung der jungen Spartaner war es, nachts auf Jagd auf Heloten zu gehen und sie aus dem Hinterhalt zu töten.

Spätere Ideologien, die auf Gleichheit, Unterordnung unter ein gemeinsames Ziel, Enteignung, Militarismus, Recht des Stärkeren oder die Kriminalisierung von Bagatellen pochen, können sich gleichermaßen auf das spartanische Vorbild berufen.

Das Experiment der Demokratie

Der große Konkurrent Spartas war Athen. Anders als das ultrakonservative Sparta, das sich gegen den Wandel der

Zeit und somit gegen den Gesellschaftswandel stemmte, erkannte man in Athen eher die Zeichen der Zeit und der Veränderung. Der zunächst aristokratisch beherrschte Stadtstaat war als Handelsmacht, in einer nach dem Dunklen Zeitalter von 1200 bis 700 v.u.Z inzwischen wieder globalisierten Mittelmeerwelt, zu Reichtum gelangt. Der globalisierte Handel hatte die Wenigen (Oligoi) reicher und die Vielen (Polloi) ärmer gemacht. Diese ungleiche Verteilung von Macht und Wohlstand führte auch zur Spaltung der im Obersten Rat herrschenden Kräfte. Die Aristokraten im Obersten Rat wählten sich gegenseitig, während sie das Volk unten in der Agora ignorierten. Erst als der Stadtstaat in Unruhe und ins Wanken geriet, forderten auch Aristokraten den Systemwechsel.

Der Philosoph, Dichter und aristokratische Staatsmann Solon ermöglichte im 6. Jahrhundert v.u.Z. die politische Partizipation aller Bürger im durch das Los besetzten »Rat der 400«. Es ist ein Schritt, um Unruhen und drohende Instabilität einzudämmen. Solon ging es um das Funktionieren der Polis (des Stadtstaats) und der Gesellschaft. Für ihn war hierfür die Eunomie, die gute Ordnung, unerlässlich. Den Aristokraten ging es bei den Reformen eigentlich nur darum, »die Bestie Demokratie zu füttern, um nicht von ihr verschlungen zu werden.« Denn im Stadtstaat lauerte längst eine andere Bestie.

Die Tyrannei der Selbstdarstellung

Solon hatte zwar die wirtschaftliche Situation der Armen verbessern können, aber den Machtstreit der aristokratischen Parteien um das höchste Regierungsamt des Archon konnten die Solonischen Verfassungsreformen nicht befrieden. Der Parteienhader führte zur Profilierung und zum Personenkult einiger weniger Männer, die regionale Anhänger um sich scharten. Mit List gelang Peisistratus, der durch eine militärische Operation zu Ruhm gekommen war, 560 v.u.Z. die Übernahme der Macht in Athen. Im Folgejahr wurde er zwar verbannt, aber wenige Jahre später gelang ihm unter Bezugnahme auf die Göttin Athene und Vorspiegelung, ein Heilsbringer zu sein, die neuerliche Rückkehr zur Macht. Jedoch wurde er im Folgejahr durch das Bündnis zweier Machtrivalen abermals vertrieben.

Die persönliche Leibgarde in die Staatsämter

Das etwa zehnjährige Exil in Nordgriechenland nützte er zur Ansammlung von Reichtümern, indem er Silber- und Goldminen ausbeutete und sich Unterstützer in Städten suchte. Danach konnte er mit seinen Unterstützern und Truppen Athen erobern, während seine Feinde spielten oder schliefen. Er besetzte wichtige Staatsämter mit seiner ihm treuen Leibgarde. Die solonische Gesetzgebung tastete er nicht an, ihm gewogene Aristokraten konnten auch weiterhin auf oberste Ämter hoffen und die Justiz wagte es nicht, ihn wegen der begangenen Rechtsverletzungen zu verfolgen. Die Förderung der religiösen Kulte unterstrichen die Heilsgestalt seiner Herrschaft und schafften Legitimität. Die Tyrannis als Konsequenz der aristokratischen Machtkämpfe führte den Bürgern aber auch eine effizientere und volksfreundlichere Regierung vor Augen, die soziale Spannungen besser und schneller auflösen konnte als die in die Krise geratenen Staatsformen vor ihr. Und Athen bekam seine Größe und Stärke wieder zurück. Auch die Söhne des Peisistratos führten die Tyrannei fort, bis mit der Ermordung des Sohnes Hipparchos 514 v.u.Z. ihr Ende eingeläutet war und schließlich mit der Hilfe Spartas 510 v.u.Z. unterging.

Systemwechsel für Europa

Die Übermacht der Perser in der Region wirkte für die griechischen Stadtstaaten einheitsstiftend. Unter der Führung des ionischen Stadtstaats Milet wurde auf Initiative des Tyrannen Aristagoras der Ionische Bund gegründet. Ziel war es, Sardes, die Satrapenstadt der persischen Region Ionien, zu erobern. Die mächtigste griechische Militärmacht Sparta verweigerte ihre Unterstützung für dieses Himmelfahrtskommando gegen die Supermacht Persien, das nun wieder demokratische Athen hingegen trat bei. Als das Unterfangen scheiterte, die Athener sich rasch nach Hause zurückzogen und das ionische Milet seinem Schicksal überlassen wurde, war klar, dass Persien sich an Athen für seinen Verrat rächen würde.

Im Jahr 490 v.u.Z. konnte sich Athen gegen den persischen Angriff bei Marathon, knapp über vierzig Kilometer von Athen entfernt, behaupten. 480 v.u.Z. kämpften Spartaner und Athener bei den Thermopylen gemeinsam verzweifelt gegen die persische Übermacht, ehe sie sich zurückzogen. Die Seeschlacht von Salamis im selben Jahr entschieden die Griechen für sich. Und dies war ein Systemwechsel für ganz Europa, das nun von der Peripherie von außereuropäischen Großreichen zum Zentrum anstehender eigener Imperien wurde. Persien wurde aus der Ägäis gedrängt.

Liebe den Staat – von Selbstliebe und Selbstherrschaft

Der Staatsmann Perikles baute nicht nur Athens Demokratie, sondern auch Athens Hegemonie über den Attischen Seebund aus. Jedes Geschöpf der Polis sollte sich in Leidenschaft (»Himeros«) dem Staat verbunden fühlen. Dies war nicht als Leidenschaft in patriotischer Hinsicht zu verstehen, sondern als Leidenschaft zum eigenen politischen System, dem demokratischen Gemeinwesen, das den anderen Systemen überlegen sei. So erzeugte diese Selbstliebe zugleich auch den Hass gegenüber dem Andersartigen. Diese Demokratie begann mit ihrer *Selbstliebe* auch schon das Substrat der *Selbstherrschaft*, der *Autokratie* in sich zu tragen.

Der Staatenbund wird zum Imperium – und zerbricht

Im Attischen Seebund entwickelte sich Athen zum Koloss, der das Misstrauen der anderen Stadtstaaten auf sich zog. Es ging auch dem demokratischen Athen um Macht. Tatsächlich schuf es sich mit dem Stadtstaatenbund ein verdecktes Imperium. 431 v.u.Z. eskalierte die Machtfrage, die in den Peloponnesischen Krieg zwischen den Hauptmächten Athen und Sparta mündete. Sparta hatte nun als Geldgeber die Perser auf seiner Seite. 415 v.u.Z. verweigert der Stadtstaat Melos Athen die Unterwerfung. Als die athenische Ratsversammlung die völlige Vernichtung des Stadtstaats beschließt, ist sie längst von Macht korrumpiert und dem Blutrausch verfallen. Die Demokratie offenbarte ihr tyrannisches Inneres. 404 v.u.Z. war Athen den von Persien finanzierten Schiffen Spartas schutzlos ausgeliefert und der Errichtung eines oligarchischen Systems preisgegeben. Die griechische Stadtstaatenwelt war an ihrer eigenen Uneinigkeit und der dadurch heraufbeschworenen Intervention einer fremden Supermacht gescheitert. Tatsächlich sollte in der Folge auch das Experiment der Demokratie für lange Zeit verschwinden, auch wenn es als europäische, politische Idee nicht mehr vergessen wurde. Aristoteles stellte hundert Jahre später fest, dass die Griechen als einheitliche *Politeia* die Welt beherrschen könnten.

Die Monarchie erobert die Welt

Schließlich waren es weder die Demokratie noch ein Bund gleichberechtigter Stadtstaaten, die ein geschlossenes Miteinander in der griechischen Welt ermöglichten und dabei auch gleich die persische Hegemonie, die stets als Bedrohung wahrgenommen wurde, zurückdrängten. Es war der Eroberungs- und Geltungsdrang eines jungen, monarchischen Alleinherrschers der makedonischen Königsdynastie im 4. Jahrhundert v.u.Z. Alexander der Große setzte nicht nur dem persischen Einfluss in der Ägäis ein Ende, sondern gleich dem ganzen persischen Imperium.

Bereits zuvor war es seinem Vater König Philipp II., dem König der konservativ-traditionellen, bodenständigen und rustikalen Makedonier gelungen, die teils selbstherrlich-dekadente, von Macht korrumpierte und zerstrittene griechische Stadtstaatenwelt unter seine Hegemonie zu bringen und zu einen. Sein Sohn Alexander führte das unvollendete Werk seines ermordeten Vaters fort und setzte zum Sprung gegen die antike Supermacht Persien an. Innerhalb weniger Jahre eroberte er ganz Kleinasien, die Levante, Ägypten, Mesopotamien, die persische Hauptstadt und erreichte mit seinen Truppen Afghanistan und den Rand Indiens. So wurde sein makedonisches Königreich nach den mesopotamischen und iranischen Reichsbildungen zum dritten Imperium der Antike.

Das Ende der multikulturellen Welt

Alexander schuf die hellenistische Welt, wie das Persische Reich zuvor war es ein Vielvölkerreich. Multikulturalismus spielte eine große Rolle, Alexander fühlte sich nicht nur als Grieche, sondern auch als persischer und babylonischer Herrscher. Seine Vision eines Reiches gleichberechtigt vereinter Griechen, Perser, Ägypter, Babylonier und anderer Kulturen war den meisten seiner eigenen Mitstreiter viel zu progressiv.

Nach seinem frühen Tod mit 33 Jahren stritten sich seine Generäle um die Macht der nicht geregelten Thronfolge, sodass das Reich in einen jahrzehntelangen Bürgerkrieg stürzte und in weiterer Folge in vier Königreiche aufgespalten und auf sie, Alexanders Nachfolger (Diadochen), aufgeteilt wurde. Auch wenn der Hellenismus kulturell nachhaltig prägend war, blieben diese Reiche – ebenso wie zuvor Alexanders sehr kurzlebiges Imperium – in politischer Hinsicht nur vorläufige, regionale Übergangssysteme. Denn der nächste große Systemwechsel stand schon vor der Tür, das nächste große Imperium in den Startlöchern: ein einstiger Stadtstaat, in einer Region fernab der bisherigen Hochkulturen und Imperien, noch völlig unterschätzt.

Ich bin kein König

Der kleine etruskische Stadtstaat Rom, dessen Gründung sich, der Legende zufolge, auf einen Brudermord stützte, wurde seit Romulus nacheinander von sieben Königen beherrscht. Der Stadtstaat Rom, dessen frühe Spuren keine wesentlichen Unterschiede zu anderen Stadtstaaten der Region und keine Hinweise auf das spätere Schicksal einer Supermacht erkennen lassen, hatte auch unter den Königen aus dem Geschlecht der Tarquinier seine Machtbasis durch Einverleibung anderer Stadtstaaten vergrößert. Doch diese letzte römische Königsfamilie war bereits derart von ihrer Macht korrumpiert, dass der letzte König Lucius Tarquinius Superbus bereits als brutaler Tyrann regiert haben soll und auch seine Nachkommen nur noch auf ihre persönliche Macht aus waren. Sein Sohn Sextus soll Lucretia, die in die Königsfamilie eingeheiratet hatte, vergewaltigt haben. Dies führte zu einem Aufstand, der 509 v.u.Z. zur Vertreibung des Königs und seiner Familie geführt haben soll. Das Wort »rex« (König) war fortan eine Beleidigung, die Wiedereinführung des Königtums wurde unter Todesstrafe gestellt. Nie wieder sollte es einen Alleinherrscher geben, nie wieder sollten die römischen Bürger vor jemandem niederknien, nicht vor den Göttern und schon gar nicht vor einem König. So wurde Rom zur ersten Republik der Welt, die auch eine Supermacht werden sollte. *Senatus Populusque Romanus* (»SPQR«, Senat und Volk von Rom) war das Versprechen, dass Macht, Vorteile, aber auch Verantwortung auf alle Staatsbürger aufgeteilt werden.

Senatsaristokratie und Selbstsucht

Die punischen Kriege gegen Karthago hatten die römische Republik zur Mittelmeer-Supermacht aufsteigen lassen. Die wahrgenommene Bedrohung und die gemeinsame Kraftanstrengung hatten noch einmal den Zusammenhalt und die Tugendhaftigkeit im gesamten Reich und in allen Schichten mobilisiert und ermöglicht. Doch mit den Früchten des totalen Sieges und der totalen Macht begannen die Konflikte im Inneren. Es begann eine Zeit der Selbstsüchtigkeit, in der man nun nur noch auf den eigenen Vorteil bedacht war. Die Reichen und Mächtigen der Senatsaristokratie hatten dabei die effektiveren Möglichkeiten, den einfachen Menschen ihren Landbesitz zu nehmen, um sich selbst eine größere Machtbasis zu schaffen. Während zunehmend Machtkämpfe und Gewalt die Politik dominierten, viele einfache Menschen in dieser Ellbogengesellschaft auf der Strecke blieben und die Republik dadurch in die Instabilität abdriftete, wurden immer noch prachtvolle öffentliche Bauten errichtet, die Roms Herrlichkeit unterstreichen sollten.

Der Anfang vom Ende

Die Kluft zwischen Arm und Reich war trotz des Aufstiegs zur reichen Weltmacht dramatisch, beziehungsweise wurde durch diesen Aufstieg noch verstärkt. Die Stadt Rom hatte knapp eine Million Einwohner. In den Bezirken der dicht aneinander gebauten Mietskasernen von zum Teil katastrophaler Bausubstanz, herrschten Armut, Schmutz, Gestank, Kriminalität und Chaos, während die Menschen auf den vornehmen Hügeln der Stadt in einer anderen Welt lebten.

Es waren Angehörige des Adels, die Gebrüder Gracchus, die sich als Volkstribunen und somit als Vertreter der Plebejer ab 133 v.u.Z. in einer neuen Siedlungsgesetzgebung zur gerechteren Verteilung von Land für die Armen einsetzten. Doch ihr politischer Erfolg war ihr Verhängnis. Der Schrecken des Machtverlusts, der Verlust der »Ausschließlichkeit der politischen Entscheidung« saß den Senatoren in den Knochen, sodass sie die beiden Brüder ermorden ließen. Die Republik hatte ihre Unschuld verloren, das Versprechen von »Senat und Volk von Rom« wurde gebrochen und der Zusammenhalt der verschiedenen Bevölkerungsschichten war nachhaltig zerstört. Mit der Reformbewegung der Gracchus-Brüder hatte die Späte Republik begonnen. Es war der Anfang vom Ende der Republik. Das folgende Jahrhundert warf seine Schatten voraus.

Das Ende der Republik

Den entscheidenden Todesstoß für die Republik setzte 88 v.u.Z. Sulla, der ebenfalls einer Adelsfamilie entstammte, die durch das zunehmende Chaos an Einfluss verloren hatte. Sulla hatte erkannt, dass in Zeiten zunehmender politischer Instabilität auf das Militär gesetzt werden muss. Als er erfuhr, dass ihm der Senat das Kommando über seine Legion entziehen wollte, belagerte und eroberte er Rom. Eingeschüchtert von dieser Machtdemonstration und Androhung der Gewalt, ernannte der Senat Sulla zum Diktator. Mit Hilfe der staatlichen Autoritäten errichtete Sulla eine Terrorherrschaft, die ein Klima der Angst etablierte. Es wurden »Listen der Untreuen« erstellt, Gegner zu Staatsfeinden erklärt und verfolgt. Die Volksversammlung enthob er ihrer Macht, während er den Senat wieder stärkte. 78 v.u.Z. von seiner Autorität und Unantastbarkeit überzeugt, zog er sich in einen luxuriösen politischen Ruhestand zurück, in dem er aber bereits 77 v.u.Z. an einer Krankheit verstarb.

Machtbesessene Aristokraten wie Pompeius hatten am Beispiel Sullas gesehen, wie leicht die Republik bereits dafür anfällig war, dass man sich in ihr die Macht um ausschließlich der Macht willen erpressen konnte. Die Republik war daher gar keine Republik mehr. Adelige mit guten Beziehungen und militärischem Einfluss konnten mit dem Staat anstellen, was sie wollten. Wer nun selber auf seine persönliche Macht und sein Prestige aus war, wusste, dass er genauso skrupellos vorgehen musste wie seine Kontrahenten. So diente auch Julius Caesars ganzes politisches Wirken, zunächst in Form von Kandidaturen für politische Ämter, ausschließlich dem Zweck der Anhäufung persönlicher Macht und um Rivalen auszuschalten. Die zunehmende politische Instabilität spielte ihm dabei in die Hände. Als er sich selbst – bereits völlig losgelöst vom Senat – nach einem Militärputsch in Rom zum Diktator auf Lebenszeit ausrief und kurz danach einem Attentat zum Opfer fiel, war längst klar, dass die Republik und mit ihr die Macht des Senats abgelöst waren. Caesar skizzierte, wie das neue System aussehen würde, weshalb sich Herrscher, die sich als besonders mächtig erachten, auch noch 2.000 Jahre später mit seinem Namen schmücken: Kaiser.

Der Neugründer der Republik

Die Republik war an ihren eigenen militärischen und expansionistischen Erfolgen gescheitert. Diese Erfolge hatten das innenpolitische Gleichgewicht zum Kippen gebracht. Die Republik war nicht mehr das System, das geeignet war, das Weltreich, das die Republik geschaffen hatte, zu regieren. Caesars blutjunger Adoptivsohn Octavian griff im letzten Bürgerkrieg der Republik nach der Macht und schaltete durch geschickte Intrigen und Täuschungsmanöver den Senat und seine möglichen Rivalen um die Nachfolge Caesars aus. Er machte den Römern nach hundert Jahren der inneren Machtkämpfe, sozialen und zivilen Unruhen und des Bürgerkriegs ein verlockendes Angebot. Er versprach ihnen im Eintausch gegen ihre Freiheit den lange ersehnten Frieden und die Rückkehr zur Ordnung. Er stellte sich als Neugründer der Republik dar. Nicht er, sondern der Bürgerkrieg hätte die Republik zerstört. Er stellte sie wieder her. Der Fassade nach. Denn die Rückkehr war keine Rückkehr, sondern ein ganz anderes System.

Im Gewande der Republik, der Jugend und des Pazifismus

Die Römer durften die Etiketten ihrer 400-jährigen politischen Tradition behalten. Es gab ihn weiterhin, den Senat und die Konsuln. Octavian verzichtete sogar auf die Macht, wurde aber vom Senat als *Augustus* (der Erhabene) bezeichnet und angefleht, zu bleiben. Denn nur er schien zwischen ihnen und dem Bürgerkrieg und dem Chaos zu stehen. Mit sanften Formulierungen machte er harte Politik, bezeichnete sich als *Princeps primus inter pares* (Erster unter Gleichen). Die römische Republik war zur *autokratischen Monarchie* geworden. Die Angst vor weiterem Chaos und blutigen Machtkämpfen haben es ermöglicht. Dem Jugendkult verfallen, ließ Augustus bis ins hohe Alter im ganzen Reich Statuen seines jugendlichen Ebenbildes aufstellen. Noch in der alten römischen Republik war Voraussetzung fürs Regieren eine gewisse Ernsthaftigkeit und somit ein gewisses Mindestalter gewesen. Die Büsten der Machthaber zeigten alte, ernste, kantige, knorrige, unbequeme Gesichter, keine Makellosigkeit, Schönheit oder Jugend. Nun war die Jugend die Form der Abbildung, sie suggerierte Unsterblichkeit und somit Göttlichkeit. So ging es bei den Standbildern nun um Äußerlichkeiten, nicht mehr um Tiefgründigkeit, die mit Anstrengung erfahren werden muss. Passend zu diesen neuen Oberflächlichkeiten ließ sich Augustus zudem zum Pazifisten stilisieren. Der Altar des Friedens war ein Pazifismus heuchelndes Denkmal, das dem Machterhalt der kaiserlichen Autokratie diente.

Die Jugend an die Macht

Das römische Kaiserreich ist berüchtigt für seine Kaiser, die in zarten, jungen Jahren an die Macht kamen und dann von ihrem eigenen Machthunger aufgezehrt wurden. Angesichts ihrer Jugend waren viele mit der Macht überfordert und gewissermaßen von Anfang an korrumpiert, scheinbar auf ihrem Thron der Macht geboren, wie dies etwa bei Nero der Fall war. Octavian/Augustus oder Caligula hatten sich die Macht noch selbst erkämpfen müssen. Korrumpiert wurden beide im Laufe ihrer Herrschaft dennoch von ihr, der eine langsamer, der andere extrem schnell. Hadrian, der durch das Militär und nicht durch Geburt zur Kaiserwürde kam, eine andere Schule des Lebens durchgemacht hatte als zum Beispiel Nero, war da freilich von anderem Kaliber und galt als ein Kaiser, unter dem sich Rom, nach innen und außen, sehr friedlich und prosperierend entwickelte. Ein Autokrat war er aber dennoch, aber vielleicht etwas und manchmal viel philosophischer und humanistischer als so manch andere. Freilich gab es auch Kaiser mit militärischem Hintergrund, die nicht seine Größe hatten. Und auch den »Jung«-Kaisern Caligula oder Nero wird man zugestehen müssen, dass ihr Verfall dem Wahnsinn wohl auch systemische Hintergründe hatte, zum Beispiel wenn man von klein auf den politischen Machtspielchen auf höchster Ebene ausgesetzt ist.

Wer unter solchen Umständen keinen Verfolgungswahn entwickelt, muss ja schon geradezu abnormal wirken.

Brot und Spiele

»Von Natur aus nicht schlecht, sondern ein äußerst gutmütiger Mensch« war laut dem antiken Geschichtsschreiber Cassius Dio auch Commodus, der 190 n.u.Z. (nach unserer Zeitrechnung) im Alter von zwanzig Jahren seinem Vater Marc Aurel, der in Vindobona feuerbestattet worden war, auf den Imperatoren-Thron folgte. Doch »wegen seiner großen Einfalt und Furchtsamkeit wurde er zum Sklaven seiner Umgebung und von ihr zu Fehltritten verleitet, bis ihm nach und nach Vergnügungs- und Mordsucht zur Gewohnheit wurden«. Gegenüber seinen Feinden und ihm unmittelbar Unterworfenen war er ein Diktator. Aber nach außen wurde der Schein gewahrt. Mit pompösen Spielen im Kolosseum, bei denen er sich auch selbst inszeniert oder zumindest danach gestrebt haben soll, biederte er sich den Massen an. Die Spektakel, bei denen er in der bequemen Kaiserloge mit Insignien seiner Macht saß, sollten die Massen bei Laune halten, ihn als Friedenskaiser hochstilisieren. In Wahrheit lenkten sie aber auch davon ab, dass er, anders als sein Vater, nicht an den Brennpunkten des Reiches im Dreck stehend Frieden sicherte. Heute würde er wahrscheinlich auch als »Pazifist« besser ankommen als der »Militarist« Marc Aurel. Die prosperierenden Umstände zu Beginn seiner Herrschaft waren aber gewiss den vom Philosophenkaiser Marc Aurel geschaffenen Grundlagen geschuldet, auch wenn er sich nach außen bemühte die Grenzen abzusichern und die Getreidelieferungen aus Ägypten zu fördern. Die Massen konnten ihn also lieben, waren sie doch von der Veränderung der politischen Machtverhältnisse nicht unmittelbar betroffen.

Weg mit den Alten!

Die alleinige politische Entscheidungsbefugnis hatte der Senat bereits seit der Caesar-Diktatur verloren. Aber seit Augustus wurde – mit einigen Unterbrechungen durch Caligula, Nero und andere – zumindest noch der Anschein der formalen politischen Teilhabe und Beratung durch den Senat gewahrt. Damit war es nun vorbei. Der selbstgerechte junge Commodus konnte die Alten nicht brauchen. Denn Senat kommt vom lateinischen *senex*, »der Alte«. Nun wurden die politischen Tagesgeschäfte von der Prätorianer-Leibgarde des Kaisers übernommen, während dieser sich den Massen in Selbstdarstellung zur Schau stellte. Indes uferte der Führerkult, auch hier wieder mit Rückgriff auf Religion, weiter aus, die Stadt Rom wurde in »Colonia Commodiana« umbenannt, Commodus selbst war nun nicht mehr bloß *Princeps*, Erster unter Gleichen, sondern gottgleicher »pater senatus«. Teilen der Senatsaristokratie ging ein solcher Prestigeverlust zu weit und es kam zu Verschwörungen, was die grausame Spirale der Gewalt des Commodus nur noch tiefer ins Fleisch des römischen Staates drehte. 192 n.u.Z. ließen die Senatoren Commodus töten – vom Gladiator Narcissus – und über ihn die Reichsächtung, die »damnatio memoriae« verhängen. Statuen, Bildnisse, Inschriften und andere Zeugnisse seines Daseins wurden gelöscht.

Der römische Staatsbürger

Bei all der Abfolge von Tyrannen und wieder gemäßigten Autokraten wurde das Römische Imperium nach der Beseitigung der Republik wieder ein über Jahrhunderte stabiler Staat. Ein Reich mit 500.000 Quadratkilometern und sechzig Millionen Einwohnern wurde von nur 10.000 Beamten verwaltet. Je weiter man sich von Rom entfernte, das von politischen Intrigen und Machtkämpfen vergiftet war, umso eher fand man Stabilität und Sicherheit. In den Provinzen, am Land, da waren sie noch da, der Menschenverstand, die Einfachheit, der Einsatz für die Gemeinschaft und die Familie, alles Werte, für die sich Augustus einst so stark gemacht und damit den Römern ein Alternativmodell zur hoch komplexen und komplizierten, zerstrittenen Republik angeboten hatte.

Die römische Staatsbürgerschaft war wieder etwas wert. Und anders als andere antike Staaten vergab Rom seine Staatsbürgerschaft relativ freigiebig. Das musste es auch, als Zivilisation, die durch *Akkulturation*, das heißt durch Expansion und (mal mehr, mal weniger gewaltsame beziehungsweise durch Gewaltandrohung erzwungene) Integration der eroberten Völker, nicht nur groß wurde, sondern so auch seine innere und äußere Stabilität wahrte. Rom bot diesen akkulturierten Menschen die römischen Errungenschaften wie Aquädukte, Badehäuser und Teilhabe am globalisierten Handel. Man war Teil der mächtigsten Gesellschaft der (bekannten) Welt.

Von der Bürgergesellschaft zur Konsumgesellschaft

Die römische Welt war eine Welt des hoch globalisierten Handels. Ohne das Getreide aus Ägypten wäre die Stadt Rom mit ihren knapp eine Million Einwohnern nicht zu bändigen gewesen. Aber auch wenn andere globale Lieferungen, wie etwa Gewürze aus Indien oder Seide ausblieben, war die Macht des Herrschers schon in Frage gestellt. Die Stadt Rom hatte sich von einer Bürgergesellschaft in eine Konsumgesellschaft gewandelt. Dass die Menschen sich dem Wohlstand und der Lebensqualität widmen konnten und weniger dem Überleben und der Arbeit widmen mussten, war freilich ein Zeichen des Reichtums der römischen Gesellschaft. Aber irgendwann begann dieses System des Strebens nach Wohlstand und Bequemlichkeit zu kippen. Irgendwann war das politische System, die Autokratie nur noch damit beschäftigt, die Massen in Rom bei Laune zu halten, damit sie nicht zum Mob und somit zur Gefahr für die Autokratie werden würden.

Auch die blutrünstigen Spiele in den Amphitheatern, die immer im Tod von Menschen und Tieren gipfelten, dienten der Besänftigung der Massen der Konsumgesellschaft. Sie ergötzten sich am dramatischen Schicksal von Frauen und Männern, Müttern und Vätern, Töchtern und

Söhnen. Hier wurde den Massen auch das Gefühl gegeben, im Reich mitbestimmen zu können. Mit Daumen rauf oder Daumen runter konnten sie über das Schicksal der dem Spektakel preisgegebenen Gefangenen und Gladiatoren entscheiden. Sie entschieden allerdings damit nicht über ihr eigenes Schicksal, sondern über das anderer. Und das zum bloßen Zwecke der eigenen Belustigung.

Abstieg ins Zeitalter von Eisen und Rost

Bereits mit dem Tod Marc Aurels hatte, dem antiken Geschichtsschreiber Cassius Dio zufolge, der Abstieg ins Zeitalter von Eisen und Rost begonnen. Auch nach dem Ende der Tyrannenherrschaft des Commodus kam das Reich im 3. Jahrhundert n.u.Z nicht zur Ruhe. In weniger als fünfzig Jahren gab es 49 verschiedene Kaiser. Die zunehmende Instabilität war nicht nur den nun vermehrt einfallenden germanischen Stämmen geschuldet, sondern auch dem Gesellschaftswandel im Inneren. Der Preis für die Staatsbürgerschaft wurde vielen in den Provinzen zu hoch. Die Unterdrückung jeglicher Opposition zugunsten einer Sicherheit, die keine mehr war, wurde in einer Zeit, in der dennoch alles ins Wanken und aus dem Ruder geriet, nun nicht mehr so hingenommen wie früher. Die weltlichen Vergünstigungen der römischen Zivilisation waren für viele wertlos geworden. Denn Konsum, Spiele und Bequemlichkeit waren nicht alles, wurden von immer mehr Menschen als oberflächlich und vergänglich gedeutet.

Die Menschenstadt

70 n.u.Z hatte eine jüdische Rebellion in der römischen Provinz Judäa zur Belagerung und Eroberung Jerusalems durch den späteren Kaiser Titus, sowie zur Zerstörung des zweiten Tempels geführt. Mit diesem scheinbar militärischen Nebenschauplatz läutete Rom sein eigenes Ende ein. Die römische Ignoranz der jüdischen Religion in diesem östlichsten Teil des Reiches führte dazu, dass sich zahlreiche Menschen der zugänglicheren jüdischen Splittergruppe der Christen zuwandten. Das Römische Reich war in Glaubensfragen zwar sehr tolerant, forderte nur ein bloßes Bekenntnis zu seinem Kaiser- und Götterkult, aber anders als spätere Religionen keine dogmatische Unterordnung. Roms Ideologie, der Kaiserkult, stillte nicht das Bedürfnis der Spiritualität. Die immer größere Zahl der Angehörigen des Christentums, römische Bürger, sahen sich nun nicht mehr als Angehörige der römischen Zivilisation, da deren weltliche Angebote für sie unbedeutend, verderbt und vergänglich waren.

Die Gottesstadt

Die christliche Religion versprach Erlösung und ewiges Leben. Gegen dieses Angebot hatte das Angebot der römischen Zivilisation immer weniger Chance, je mehr die Krisen überhandnahmen. Anstatt der staatlichen Gemeinschaft zu dienen, gingen auch immer mehr Angehörige der Oberschicht in den östlichen Provinzen in Klöster und widmeten sich dort ihren religiösen Aufgaben. Dem gegenzusteuern, kostete den römischen Staat immer größere Anstrengungen. Die Christen, die mit Askese aus der Zivilisation, ihrem Unternehmertum, ihrer Familie, ihren gewohnten Bräuchen ausbrachen, sahen nämlich im Leid keine Strafe. Das Martyrium war sogar heilige Pflicht. Ab einem gewissen Zeitpunkt wurde die wachsende Schar der Christen mit solch einer Grundeinstellung mächtiger als die mächtigste Supermacht ihrer Zeit. Roms Feinde waren auf einmal keine Barbaren von außen, die es mit seiner mächtigen Militärmaschinerie hätte überrollen können, wie einst die militärmächtigen Karthager. Seine Feinde waren römische Bürger, die Christen geworden waren. Seine Feinde waren asketische Menschen, die die Verderbtheit des Staats und Vergänglichkeiten wie politische Macht ablehnten. Sie taten nichts anderes als sich der formellen Unterwerfung unter den römischen Götter- und Kaiserkult zu verweigern. Dafür wurden sie gekreuzigt und in der Arena Löwen zum Fraß vorgeworfen. Aber ihr Mut, mit dem sie diesen Martyrien entgegengingen, beeindruckte immer mehr römische Bürger. So breitete sich das Christentum über Kleinasien einerseits und über Nordafrika andererseits immer schneller aus, bis es das Herz des Imperiums erfasste.

»Ich erhoffe nichts. Ich fürchte nichts. Ich bin frei.«

Nikos Kazantzakis

Eine Sekte erobert das Reich

Das politische System der Kaiser-Autokratie im Gewande der weltlichen Institutionen einer Republik war nicht mehr in der Lage, Sicherheit und Stabilität zu bieten. Und es war nicht einmal mehr in der Lage, Sicherheit und Stabilität zu versprechen. Der Gründungszweck des Kaisertums war obsolet geworden. So fand ein Systemwechsel statt: weg von einem kaputten System, das inzwischen unfähig geworden war, im Interesse der Menschen zu regieren. Hin zu einem System, das den Menschen im Glauben an eine bessere Welt Erlösung versprach. Mit Kaiser Konstantin übernahm der römische Staat 313 n.u.Z. mit der Mailänder Vereinbarung das System seiner bisherigen Staatsfeinde. Und tatsächlich gelang es mit diesem System wieder Ordnung herzustellen. Nach einer Zeit innerer Machtkämpfe, Bürgerkriege und einer Vierkaiserherrschaft, gab es nun wieder nur einen Kaiser. Spätestens als sich Kaiser Theodosius nach einem Machtkampf in den 390ern n.u.Z. dem Bischof Ambrosius unterwarf und vor ihm auf die Knie ging, war der Systemwechsel abgeschlossen. Aus der weltlichen Autokratie war ein theokratischer Staat geworden. Doch gemäß dem späteren christlichen Philosophen Augustinus, der mit seinen Schriften Europa für die nächsten 1.500 Jahre prägen sollte, war der römische Staat dadurch nie zur *Gottesstadt* geworden. Rom blieb eine *Menschenstadt*, die dem Egoismus, der Ruhmsucht, dem Reichtum und der Macht huldigte. Damit war Rom der Vergänglichkeit und dem Untergang geweiht.

Die Zeit der großen Migration

Die Goten waren ein germanisches Volk aus dem hohen Norden Europas, das bereits ab circa 150 n.u.Z. in Richtung Süden, den Schwarzmeer-Raum gewandert war. Im Jahr 376 n.u.Z. baten Angehörige der Westgoten, eines germanischen Volkes, das nun im Bereich der Donaumündung siedelte, den römischen Kaiser als friedliche Flüchtlinge um Aufnahme ins Reich. Sie würden vor dem Steppen- und Reitervolk der Hunnen, das von Osten kommend bereits die Ostgoten nördlich des Schwarzen Meeres niedergemacht hatte, fliehen. Der römische Staat zögerte zunächst, aber man erhoffte sich von den Ankömmlingen neue Siedler, neue Steuern zahlende Arbeitskräfte und Söldner. So stimmte Kaiser Valens schließlich zu. Laut dem Zeitzeugen und Historiker Ammianus Marcellinus kamen sie so »zahllos wie die Funken des Ätnas«. Es kam zu Versorgungsengpässen und zu Preissteigerungen. Der Staat war nicht mehr in der Lage, sein Versprechen einzulösen, weder gegenüber den Ankömmlingen noch gegenüber der eigenen Bevölkerung. Es kam zu Plünderungen durch die Westgoten und zu Auseinandersetzungen mit der heimischen Bevölkerung. Bei Adrianopel, dem heutigen Edirne, kam es zur Schlacht, in der das römische Heer geschlagen wurde und der Kaiser starb. Nicht nur die Donaugrenze konnte vom römischen Militär nicht mehr abgesichert werden, sondern ab 406 n.u.Z. überquerte das germanische Volk der Vandalen auch den Rhein. Der kaiserliche Hof hatte Trier, die am besten befestigte Stadt des Westreichs, vorsorglich verlassen. Während sich die Bevölkerung und die Wachen im Amphitheater versteckten, durchbrachen die Vandalen das Stadttor und plünderten in aller Ruhe die alte römische Stadt. Nichts konnte die Eroberer mehr stoppen. Die Vandalen zogen in weiterer Folge über Gallien, Spanien, Nordafrika und Sizilien bis nach Rom. Die Ostgoten zogen nach Italien und die Westgoten schließlich nach Spanien. In der Stadt Rom wurde die Stadtmauer, die nach Jahrhunderten erst im 3. Jahrhundert n.u.Z. in der beginnenden Reichskrise errichtet worden war, sicherheitshalber noch einmal ausgebaut und erhöht. Um sonst. Vierzig Jahre nachdem das christliche Rom die hilfsbedürftigen Flüchtlinge an der Donaugrenze aufgenommen hatte und nur zwanzig Jahre nach dem Kniefall von Kaiser Theodosius, ging das (westliche) Römische Reich selbst in die Knie.

Von heiligen Kriegen

Die Heilige Stadt des Judentums und inzwischen auch des Christentums, Jerusalem, war durch die arabische Expansion im 7. Jahrhundert n.u.Z. in den islamischen Einflussbereich geraten. Mit dem Anspruch die eigene päpstliche Macht zu behaupten, die im Machtkampf mit dem römisch-deutschen Kaiser in Frage gestellt worden war, rief Papst Urban II. 1095 zum ersten Kreuzzug gegen die Muslime, mit dem Ziel der Rückeroberung Jerusalems, auf. Es begann damit eine Ära der christlich-muslimischen Auseinandersetzung, die bis 1270 n.u.Z. andauern sollte und in der Jerusalem mehrfach erobert und wieder zurückerobert wurde. Manche Kaiser, wie der Staufer Friedrich II. wurden vom Papst regelrecht zum Kreuzzug getrieben, da sonst Absetzung und Exkommunikation drohten.

Die Kreuzzüge versprachen den Abenteurern, die dadurch der wirtschaftlichen Situation und der Enge ihrer Heimat den Rücken kehren konnten, reiche Beute. Dafür waren Gefahren auf den Routen in Kauf zu nehmen, sei es auf dem Mittelmeer oder in Kleinasien. Andererseits entstanden aber auch Gemeinschaften, die in Kreuzfahrerstaaten aufgingen. Diese Vorposten waren auch Stützpunkte für die Pilger. Dass nicht Religion, sondern Beute im Vordergrund stand, zeigt der Vierte Kreuzzug. Ihm fiel eine christliche Stadt zum Opfer, die von den christlichen Heerfahrern geplündert wurde. Es war Konstantinopel, heilige Stadt der orthodoxen Ostkirche, die sich im 11. Jahrhundert von der (west-)römischen Kirche im Schisma abspaltete. Die hier geraubten Schätze können heute noch in Venedig an und in der Markuskirche bestaunt werden. Die Handels- und Dogen-Republik Venedig stieg seither bis ins Spätmittelalter zur See- und Handelsmacht Nummer eins im Mittelmeerraum auf.

Die letzte Generation

Auch wenn die Stadtrepubliken, wie Venedig und Genua durch den Mittelmeerhandel und norddeutsche Städte im Handelsbund der Hanse vereint, zu regelrechten

Großmächten aufstiegen, war auch das Spätmittelalter in Europa noch ganz im Zeichen kaiserlicher Macht der deutschen Könige, die meistens zugleich auch, dem Titel nach, römische Kaiser waren. Jeder spätmittelalterliche Kaiser des Heiligen Römischen Reiches glaubte, dass er der letzte weltliche Herrscher sei und danach das Ende aller Zeiten anbrechen würde. Die Universalgeschichte wurde als Abfolge von Großreichen begriffen. Nach den altorientalischen, persischen und griechischen Reichsbildungen wäre Rom das vierte und somit letzte irdische Imperium. Der Untergang des in der Tradition zu Rom stehenden römisch-deutschen Kaisertums, würde somit den Untergang Roms bedeuten. Aber nicht nur Zahlenmystik und die Überbewertung des eigenen Heilscharakters (das Ende der Schöpfung zu sein) veranlassten die christlichen Menschen in Europa zu dem Glauben, dass das Ende aller Tage angebrochen sei.

In der Mitte des 14. Jahrhunderts begann eine neuerliche Kleine Eiszeit. Ähnlich wie die Kaltperiode der Völkerwanderungszeit, folgte diese neue Kaltperiode einer Warmperiode, die zu größeren Ernteerträgen und somit zu einem massiven Bevölkerungsanstieg geführt hatte. Nun gab es Jahre ohne Sommer, mit Dauerregen und dramatischen Ernteausfällen. Überschwemmungen, Heuschreckenplagen und eine verheerende Pandemie, die europaweit wütete, die Pest, wurden als Gottes Strafurteil gewertet.

Die Geißlerbewegung

Für die Christen war es eine apokalyptische Zeit. Auch in Regionen, die nicht so schwer betroffen waren, wie zum Beispiel das reiche Böhmen und das goldene Prag des Kaisers Karl IV., sorgte man sich um die weitere Zukunft. Andernorts führten die dramatischen Entwicklungen, die etwa in deutschen Landen ganze Regionen entvölkerten, zu Judenhass. Die zum Außenseitertum genötigten Juden wurden sogar europaweit für die katastrophalen Bedingungen verantwortlich gemacht. Mitte des 14. Jahrhunderts führte dies zu den bis zum 20. Jahrhundert schwersten Pogromen gegen Juden. Der Kaiser galt als Beschützer der jüdischen Bevölkerung. Dafür zahlten sie ihm auch eine unmittelbare Steuer. Angesichts der kippenden Stimmung in der Bevölkerung, gab Karl IV. seine Beschützerrolle im Reich auf und gab die Juden dem wütenden Mob preis. In Nürnberg erinnert heute in der damals mit Karls Segen und auch zu seinem Vorteil errichteten Frauenkirche, für die ein jüdisches Viertel geschleift und seine Bewohner in den Tod getrieben wurden, ein Davidstern an das dramatische Jahr 1349.

Viele Christen sahen aber in den Katastrophen Gottes Strafe für den Verfall der Sitten, für die Verderbtheit der Menschen und die Gier nach Reichtum und Macht, sowie die Sittenlosigkeit der Herrscher und der Kirche. Die Bewegung der Geißler suchte in öffentlichen Ritualen der Selbstgeißelung in den Straßen der Städte des Deutschen Reiches nach Buße, persönlichem Ausdruck von Frömmigkeit und gewiss auch nach öffentlicher Aufmerksamkeit.

Die politischen Systeme Mitteleuropas überstanden diese Ära. Die irdische Herrschaft wurde nicht von einer göttlichen abgelöst. Und das Heilige Römische Reich sollte noch weitere 450 Jahre fortbestehen. Aber die Krisen führten in Deutschland dazu, dass der Kaiser von den Landesfürsten abhängiger wurde, ihnen als Territorialherren größere Rechte einräumen musste. Schon zuvor war die Kaiserwahl durch die Kurfürsten von Bestechungsgeldern abhängig gewesen. Während sich in anderen europäischen Staaten eine starke Zentralmacht herausbildet, etwa in Frankreich, geht Deutschland immer unverkennbarer den Weg einer frühen Föderalisierung. Das Heilige Römische Reich entwickelte sich nicht zum Staat, sondern dezentralisierte sich immer stärker zu einem Staatenbund ohne nennenswerte Zentralmacht. In einer Welt, in der Glauben und Traditionen große Bedeutung zukam, konnte die Kaiserwürde dies wett machen. Aber in der sich herausbildenden neuen Welt, dem neuen System mit neuen Kräften, Instanzen und Autoritäten, sollte bloße Würde ohne Macht nicht mehr viel wert sein.

Und sie bewegt sich doch

Einst hatte sich die verderbte und in ihrer Parallelwelt der Macht und des Luxus gefangene römische Kaiser-Autokratie gegen die neuen Thesen, Dogmen und die Systemablehnung der frühen Christen gewehrt und diese verfolgt. Nun war es die katholische Kirche, die als verderbt und als dem Sittenverfall anheimgefallen angesehen wurde und sich gegen die Erkenntnisse einer neuen Zeit stellte. Und das, obwohl doch gerade die Kirche einst der wissenschaftlichen Revolution, die sich nun voll entfaltete, den Weg bereitet hatte – in ihren Klöstern. Denn ihre Klöster waren im Hochmittelalter die Vorgänger der Universitäten, hier wurden Bücher geschrieben und Wissen weitergegeben. Nun war sie es, die wie einst der römische Kaiserstaat, nicht wahrhaben wollte, dass neue Instanzen und Autoritäten entstanden, die sie in ihrer Macht und Herrlichkeit schon bald ablösen sollten. Noch bekämpfte sie diese Ketzer, die ihre Macht und ihre nur mehr dem Selbstzweck des Machterhalts dienenden Dogmen in Frage stellten und sich erdreisteten, sie öffentlich zu hinterfragen.

Anders als in römischer Zeit, in der man unabhängig von Rang und Namen als Christ ein gleichrangiges Mitglied der Glaubensgemeinschaft war, bot das Christentum nun nicht mehr jedem ohne Weiteres Erlösung. Prächtige Bauten und der Lebensstil der hohen Geistlichkeit hatten die Eintreibung von Geld nötig gemacht. Der betrügerische Ablasshandel, der den Armen das Geld aus den Taschen zog, war zum lukrativen Geschäftsmodell geworden. Das Vertrauen und der gute Glauben der Massen in die Machthaber eigneten sich optimal, um Macht und Reichtum der mächtigen Würdenträger weiter auszubauen. Ein kleiner Mönch aus Wittenberg, Martin Luther, stellte sich 1517 mit seinen 95 Thesen dagegen. Er sollte die Glaubenseinheit im Heiligen Römischen Reich, aber auch darüber hinaus in ganz Europa, nachhaltig erschüttern.

Die Macht der katholischen Kirche war zunehmend von Kaufleuten eines neuen kapitalistischen Unternehmer- und Glücksrittertums und von Kaisern, die ihrerseits um die Macht ringen mussten, untergraben worden. So musste sie um die Macht kämpfen und sich inszenieren. Etwa gegen Kritiker wie Galileo Galilei, der es gewagt hatte, den Dogmen der Kirche den absoluten Wahrheitsgewalt abzusprechen. In einem Inquisitionsprozess 1632 und 1633 wurde bestimmt, dass er seine Lehre des heliozentrischen Weltbilds (wonach sich die Planeten und die Sonne nicht um die Erde drehen würden, sondern die Planeten um die Sonne) nicht verbreiten durfte. Auch wenn Galilei den Ausspruch »und sie bewegt sich doch« vor der Inquisition nicht heldenhaft gesagt haben soll, so zeigt sich doch, dass die Kirche von ihrer Macht und dem nötigen Kampf um den Machterhalt ähnlich betroffen war, wie einst die römische Kaiser-Autokratie. Auch sie konnte die Machtverschiebung und den Systemwechsel nicht aufhalten, höchstens beschleunigen. Auch die Kirche konnte angesichts ihrer Macht-, Ruhm- und Reichtumssucht der *Gottesstadt* nicht gerecht werden und blieb eine *Menschenstadt*.

Kabinettsjustiz

Die frühe Neuzeit war in Europa das Zeitalter des Absolutismus. Die Monarchen entledigten sich immer mehr ihrer beratenden Stände und herrschten allein. Die Rückbesinnung auf die Antike und ihre Philosophien führte aber unter so manchen deutschen Fürsten dazu, sich bei allem Absolutismus dennoch als Philosoph auf dem Herrscherthron zu verstehen. In Österreich verfolgte Joseph II., der Sohn Maria Theresias diesen Ansatz. Zu den aufgeklärten Absolutisten zählte aber auch der König eines Landes, das Österreich die Vormachtstellung im römisch-deutschen Reich streitig machte: König Friedrich II. von Preußen. Friedrich sah sich als erster Diener seines Staates. Zum Wohl des Staates sollte auch die Situation der Bevölkerung verbessert werden. An der Vormachtstellung des Königtums sollte dies nichts ändern, so lautete seine Devise: »Alles für das Volk, aber nichts durch das Volk.« Dies bedeutete auch, sich in Gerichtsverfahren einmischen zu müssen. Königliche Machtsprüche, also Kabinettsjustiz, waren daher Bestandteil seiner Politik. Trotz seiner Angriffs- und Eroberungskriege gegen Maria Theresias Österreich, wurde auch dort seine auf Ideen der Aufklärung basierende Bildungs- und Wirtschaftspolitik als Vorbild herangezogen. Vielleicht entgingen die preußische Hohenzollern- und die österreichische Habsburger-Dynastie auch deshalb dem späteren Schicksal der französischen Bourbonen, deren absolutistischer, um sich selbst kreisender Herrschaftsstil nichts Aufgeklärtes erkennen ließ.

No taxation without representation

Englands selbstherrliche Haltung gegenüber den eigenen Bürgern in den 13 Kolonien an der amerikanischen Atlantikküste gab unbeabsichtigt den Anstoß für die erste Dekolonisierungswelle. Die britischen Kolonisten in Amerika wollten nicht hohe Steuern zahlen müssen, während in London ohne ihre Repräsentation und über ihre Köpfe hinweg entschieden wurde. So rebellierten die Kolonisten gegen das erste neuzeitliche parlamentarische System, weil dieses die eigenen Bürger in ihren Kolonien wie Untertanen und nicht als souverän behandelte. Die Rebellion wurde zum Unabhängigkeitskrieg, den die 13 Kolonien siegreich für sich entscheiden konnten. Aufmüpfige Kolonisten, die sich behelfsmäßig bewaffneten, konnten die mächtigste Kolonialmilitärmacht ihrer Zeit in die Flucht schlagen – freilich nicht ganz ohne Unterstützung von Englands Erzrivalen Frankreich.

Als der neu entstandene Staat sich eine Verfassung gab und das System des ehemaligen Mutterlandes, insbesondere die Monarchie, über Bord warf, konnte niemand ahnen, dass die ehemalige Kolonie in knapp über hundert Jahren selbst zur Weltmacht aufsteigen sollte. Und dass diese ehemalige Kolonie in nicht einmal 150 Jahren die transatlantischen Machtverhältnisse völlig auf den Kopf stellen sollte. Aber vorher sollte das europäische Zeitalter noch einen wenig ruhmreichen Höhepunkt erleben.

Die Nation übernimmt die Macht

Mit der Rückkehr der französischen Generäle und Truppen, die im Auftrag ihres eigenen Königs auf Seiten der Kolonisten gegen die koloniale Supermacht England gekämpft hatten, kamen die Ideen der Amerikanischen Revolution und des Ersten Amerikanischen Unabhängigkeitskriegs auch nach Frankreich. Ideen wie Freiheit von Unterdrückung, Republik statt Monarchie und Volkssouveränität, die sich für das absolutistische französische Königtum als Sprengsatz erweisen sollten. Philosophen wie Voltaire, Rousseau oder Montesquieu, hatten längst den philosophisch-ideologischen Boden für den Systemwechsel, für das Ende einer elitären oligarchischen Regierungsschicht, die nur um sich selbst kreist, bereitet. Und sie hatten im Bürgertum viele Anhänger für den Systemwechsel gefunden. Aber es waren die Massen der hungernden Bevölkerung, die den Systemwechsel ermöglichten. Die Missernte von 1788 hatte eine Lebensmittelteuerung und -knappheit hervorgerufen, die das Pulverfass der unzufriedenen Massen entflammte. Der drohende Staatsbankrott veranlasste König Ludwig XVI. 1789 zur Einberufung der Generalstände, Klerus, Adel und Bürgertum, um neue Steuern einheben zu können. Der einberufene Stand des Bürgertums machte da nicht mehr mit und erklärte sich selbst zur Nationalversammlung. 98 Prozent der Bevölkerung repräsentierend, sei nur dieser Stand allein berechtigt, das französische Volk zu vertreten. Die »Grande Nation« war geboren. Sie hat sich von der Fremdherrschaft eines Monarchen selbst befreit und sollte sich künftig selbst regieren. Mithilfe der hungrigen und wütenden Massen des Pariser Kleinbürgertums und Proletariats wurde dem absolutistischen König von Gottes Gnaden die konstitutionelle Monarchie abgerungen. Der

König sollte fortan an die Verfassung und die Menschen-
rechtserklärung gebunden sein und seine Macht mit der
Nationalversammlung teilen. Es war die Nation, die den
absolutistischen Königen und feudalen Herrschern die
Menschenrechte, die Verfassung, den Rechtsstaat, die Gewaltenteilung, die Demokratie, den Sozialstaat und die
Republik abgetrotzt hat.

Die Republik als Kriegsgeburt und Kriegstreiber

Aber in der Realität sah sich der noch immer in absolutistischen Kategorien denkende und nach der Rückkehr
zur absoluten Macht strebende König nicht durch die
Verfassung verpflichtet. Vielmehr fühlte er sich vom neu-
en politischen System eines gewaltbereiten Mobs von
der Straße zu Zugeständnissen genötigt und als Gefan-
gener im eigenen Königreich. Er durfte sich auch nicht
mehr König von Frankreich nennen, sondern wurde zum
Titel König der Franzosen gezwungen. Frankreich war
nicht mehr sein Eigentum, sondern er war nun das Eigentum der Franzosen. Es dauerte nicht mehr lange, da
wurde er von der Volksversammlung zum Staatsfeind
Nummer eins erklärt. Die mächtigste Monarchie des
Kontinents wurde 1792 beinahe über Nacht zur Republik. Die Geburt dieser Republik stand im Zeichen eines
Offensivkriegs gegen die potenziellen Feinde der soeben
geborenen Nation, die sich als Freistaat, frei von einem
Monarchen, selbst regiert. Die Feinde der Republik waren

inzwischen die Freunde des soeben abgesetzten Monarchen: England, Preußen, Österreich. Ihre monarchischen Herrscher hatten sich zu einer Koalition gegen den republikanisch-antimonarchischen Brandherd in Europa zusammengeschlossen. Wie in den Vereinigten Staaten war es der Krieg, der die Republik ermöglichte. Und wie in den Vereinigten Staaten war es die isolierte Republik, die über einen übermächtigen, aber dekadenten monarchischen Gegner triumphieren sollte.

Der große Parlamentsterror

Zum Schutze der noch nicht abgeschlossenen Revolution und der soeben errungenen Republik, forderten politische Kräfte im neuen Nationalkonvent, die potenziellen Feinde der Revolution und der Republik zu verfolgen. Die Teilstaatsgewalt der Exekutive war mit der Absetzung des Königs und in der immer rascheren Eigendynamik der sich überschlagenden Entwicklungen auf das Parlament übergegangen, deren lautesten und radikalsten Kräfte, die Jakobiner, das Heft nun straff in die Hand nahmen. So sehr bis sämtliche Staatsgewalt in den Händen einiger weniger Parlamentarier lag. Die Regierungsgewalt lag im »Wohlfahrtsausschuss« des Parlaments. Die Volksgerichte verfolgten und bestraften Revolutions- und Republiksgegner im Auftrag der radikalen parlamentarischen Scharfmacher. Immer mehr einst glühende Revolutionäre und militante Republikaner, wie Danton oder Desmoulins wurden vom revolutionären und republikanischen

Parlamentsterror eingeholt. Zehntausende fielen dem Fallbeil, der Guillotine, zum Opfer.

Der Unbestechliche

Mit der Enthauptung von Ludwig XVI., Marie-Antoinette, Aristokraten und Repräsentanten des alten Königsregimes hatte der Terror aber erst so richtig begonnen. Es traf auch viele Revolutionäre, Republikaner und Menschen, die in Verdacht geraten waren, »Feinde der Revolution« zu sein. Am Ende fiel ihr auch jener »Unbestechliche« zum Opfer, der den großen Terror aus reiner Selbstlosigkeit für die Sache angefacht hatte. Dieser vermeintlich Unbestechliche, Maximilien de Robespierre, war der Korrupteste von allen. Er hatte unter dem Deckmantel scheinbarer Selbstlosigkeit und im Namen der Tugend all jene angeklagt, verfolgt und töten lassen, die mit ihrer Kritik nicht der Republik, sondern seinem Ego und der narzisstischen, tugendhaft-unbestechlichen Fassade zur Gefahr wurden.

Die monarchische Republik

Die Menschen hatten nach Jahren der blutigen Revolution genug von den Machtkämpfen. Sie hatten genug vom Königtum, sie hatten genug vom Terror-Parlamentarismus. Die Freiheit war angesichts der Gewaltspirale, die sie selbst entfacht hatten, nichts mehr wert. Selbst und gerade die Angehörigen der mächtigen Jakobiner oder anderer Klubs konnten sich nicht mehr sicher fühlen. Wie in der alten, von Machtkämpfen und Bürgerkriegen geprägten römischen Republik brauchte es nun endlich jemanden, der das Chaos beendete. Und wie Julius Caesar oder Octavian war es auch nun jemand, der das Militär hinter sich hatte. Und wie einst bei Octavian war es jemand, der die energische und tatkräftige Jugend verkörperte. Bereits Jahre zuvor zum General avanciert, übernahm ein Korse 1799 die Macht. Mit dem Staatsstreich, der in Wahrheit ein Putsch war, machte sich Napoleon Bonaparte zum *Ersten Konsul* der Republik. Wie einst bei Octavian bekamen die Menschen im Eintausch gegen die Freiheit wieder die Sicherheit und den (inneren) Frieden zurück. 1802 ernannte sich Napoleon zum Konsul auf Lebenszeit, 1804 ließ er sich in einem Plebiszit, einer Volksabstimmung, zum Kaiser bestätigen. Mit der Fassade der Republik war ein autokratisches Kaiserreich entstanden. Der Preis für den inneren Frieden war der Krieg mit dem Rest Europas, das den Aufstieg einer antimonarchischen Bürger-Republik, nun im Gewande einer Kaiser-Autokratie, aus dynastischen Gründen, aber auch zur Wahrung des Gleichgewichts der Mächte in Europa nicht hinnehmen konnte.

Das englische Zeitalter

Immer abenteuerliche Eroberungszüge führten Napoleon 1815 schließlich und buchstäblich zu seinem Waterloo. Wehe dem Besiegten! Die Gefahr für die alten Monarchien, Napoleon, wurde für immer auf die abgeschiedene Südatlantik-Insel St. Helena verbannt. Das alte Regime in Frankreich, die verhasste absolutistische Monarchie wurde wiederhergestellt. Die Energie der Republik, die die Kräfte der Nation nach außen derart vereint bündeln hatte können, war ihr zum Verhängnis geworden. Fürs Erste war Republiks-Dämmerung angesagt und die alten Dynastien in Europa durften noch ein letztes Mal erstarken. Aber keine so sehr wie die britische. Das Ende der energischen Französischen Republik und Napoleons Niederlage, brachten dem Vereinigten Königreich die uneingeschränkte Weltmachtstellung. Das Zeitalter der Ausbeutung der Welt war eingeläutet. Die formale völkerrechtliche Ächtung der Sklaverei im Rahmen des Wiener Kongresses 1814/1815 war doppelzüngig. Mit all den kolonialen Terrorregimen in Nordamerika, Indien, Afrika, Australien und Asien sollte das angeblich so friedliche 19. Jahrhundert, gemessen am Ausmaß an menschlichem Leid, Ausbeutung und Tod zu einem durch und durch blutigen Zeitalter werden.

Der goldene Nachmittag

In den Fokus der neuen globalen Supermacht geriet ein Land, das schon zu einer Zeit mit einem Millionen-Mann-Heer vereint worden war, als die Römer in Cannae 216 v.u.Z. noch mit 80.000 Fußsoldaten gegen den Karthager Hannibal gekämpft hatten. Ein Reich, das sich – wie auch Rom und danach andere europäische Imperien – stets als Mittelpunkt der Welt gesehen hatte: das Reich der Mitte. Ein Reich, in dem der Gelehrte Konfuzius im 6. und 5. Jahrhundert v.u.Z. verzweifelt nach einem Herrscher gesucht hatte, der ein Vorbild wäre und die Grundregeln der Disziplin und des Respekts auch selbst einhalten würde. Ein Reich, das schon seit seinem ersten Kaiser Qin Shi Huangdi im 3. Jahrhundert v.u.Z. im Norden (Lehm-)Mauern gegen Barbaren zu errichten begonnen hatte. Ein Reich, das immer wieder nach philosophischen, technologischen und wirtschaftlichen Höhen, durch fremde Eroberungen, wie jene durch die Mongolen, zunächst in tiefe Krisen stürzte, aus denen es sich jedes Mal noch stärker erhob. Ein Reich, das sich bei jedem Aufstieg zur hochkomplexen Zivilisation entwickelte, die sich in Dekadenz der herrschenden Schichten zu verfangen begann und dadurch angreifbar und brüchig wurde. Ein Reich, dessen Herrschergeschlechter immer wieder grausame Despoten hervorbrachten, die (etwa unter der Ideologie des Legalismus) Bücher, auch Konfuzius', verbrannten, unzählige eigene Bürger versklavten , sich durch Intrigen an die Macht putschten und weise, alte Beamte, die die Brutalität und Skrupellosigkeit der Politik ablehnten, entmachteten.

Keines der Nachbar- oder entfernteren Völker war dem Sohn des Himmels, dem Kaiser, ebenbürtig. Nicht die Barbaren, die über Jahrhunderte aus dem Norden gekommen waren. Und auch nicht die Barbaren, die nun vom Süden, vom Meer kamen. Und dabei herrschte in China zur Zeit, als die Engländer ihre ersten »Handels«-Gesandten entsandten, selbst eine barbarische Dynastie. Die Qing, unmittelbare Nachfolger der einstigen Mandschu-Invasoren, die ihrerseits die Große Mauer belagert und aufgrund eines Bürgerkriegs in China 1644 überwinden konnten. Nun waren sie also da, die Barbaren aus dem fernen Europa, und wollten ihre Handelswaren hier anbringen. Der Kaiser lehnte ab. Sein Reich befand sich Ende des 18. Jahrhunderts im goldenen Nachmittag, konnte sich als uneingeschränkte Weltmacht fühlen. Auch wenn die Bemühungen des Kaisers Yongle zu Beginn des 15. Jahrhunderts eine große Flotte aufzubauen, deren Vorhut bereits Afrikas Ostküste erreicht hatte, von seinen Nachfolgern als zu aufwändig und wenig zielführend verworfen wurden. Nun war es da, das Inselvolk, das über seine Seemacht zur Weltmacht geworden war. Die ablehnende Haltung des Kaisers war für die neue Weltmacht eine schwere Kränkung. Aber zu bedeutend war für sie der Absatzmarkt von Dutzenden Millionen Menschen. Und zu begehrt war bei der eigenen Bevölkerung der Tee, den man dort für teures Silber in Massen kaufen konnte. Die Kosten für den Tee würden weniger ins Gewicht fallen, wenn man seinerseits ein Exportgut hätte, von dem die chinesische Bevölkerung abhängig wäre. Der goldene Nachmittag Chinas ging in die Abenddämmerung über.

Das Trauma der ungleichen Verträge

So begann das britische Empire Opium aus seinen indischen Kolonien nach China zu importieren. Für Geld und Macht wurde im britischen Parlament in Kauf genommen, ein ganzes Volk rauschgiftsüchtig zu machen. Das britische Parlament mutierte zum Auftraggeber des größten Drogenkartells seiner Zeit. Als der chinesische Kaiser ein Embargo verhängte und das ganze Opium, das bereits in den südchinesischen Städten eingetroffen war, vernichten ließ, reagierte die erste Industriemacht der Geschichte mit dem Bombardement der Küste und der Zerstörung der chinesischen Holzschiffe durch das erste gepanzerte Schiff der Welt. Die Niederlage Chinas bedeutete, die gesamten Kriegskosten und jene des vernichteten Opiums den Briten rückerstatten zu müssen. Und die ersten Hafenstädte mussten den Briten für den Handel eröffnet werden. Dann dauerte es auch nicht mehr lange, bis das Empire auch direkt die politische und militärische Kontrolle wichtiger Hafenstädte übernahm. Jene Hongkongs sollte vertraglich sogar bis 1997 andauern. Und dann dauerte es auch nicht mehr lange, bis sich weitere sieben Mächte, wie unter anderem die Vereinigten Staaten, Japan, Frankreich, Russland, aber auch das spätere Deutsche Reich und Österreich-Ungarn in China festsetzten, um die »geöffneten« Märkte zu nutzen. Die Überheblichkeit der Dynastie des goldenen Nachmittags, als Reich der Mitte keinerlei technologische, politische, soziale und militärische Veränderung durchführen zu müssen, führte zu seiner schleichenden Kolonisierung durch Industriemächte, die ihre Macht schamlos ausnützten.

Die Fremdherrschaft dieser acht Mächte blieb ein Trauma, führte 1911 zur Republik, die im Warlords- und

Bürgerkrieg versank. Aus dem jahrzehntelangen Bürgerkrieg zwischen den Nationalisten der Kuomintang und
Maos Kommunisten gingen letztere als Sieger hervor
und erstere flüchteten auf die von Japan nach dem Zweiten Weltkrieg zurückerlangte Insel Formosa, das heutige
Taiwan. Trotz kommunistischer Führung, aber wegen des
Traumas, das Europa, die Vereinigten Staaten und Japan
verursacht hatten, erhob sich das Reich der Mitte einmal
mehr in seiner Tausenden Jahre währenden Geschichte
nach einem tiefen Fall zum Tigerstaat, der es in technologischer und wirtschaftlicher Hinsicht wieder an die Welt-
spitze schaffen sollte.

Ein in sich gespaltenes Haus

Nach dem Sieg über das Vereinigte Königreich im Zweiten Unabhängigkeitskrieg von 1812 bis 1815 stieg die junge Republik der Vereinigten Staaten sukzessiv zur Hege-
monialmacht über den amerikanischen Doppelkontinent
auf. Nur einer stand ihr dabei noch im Weg. Sie selbst.
Alles, was an das verhasste britische Mutterland erinner-
te, hatte man über Bord geworfen. Außer die Sprache und
die Sklaverei. Letzteres wurde zur großen Streitfrage zwischen den Nord- und Südstaaten. Für den Süden schien
sie wirtschaftlich unentbehrlich, oder besser gesagt für
die dortige Schicht der Plantagenbesitzer. In den Nord-
staaten, die sich zunehmend industrialisierten, wurde die
Sklaverei immer mehr als perverser Anachronismus gesehen. Als Abraham Lincoln für die neu gegründete Partei

der Republikaner 1860 in den Wahlkampf zog, wagte auch er es nicht das Gleichgewicht zwischen Nord und Süd anzutasten und die Forderung nach Abschaffung der Sklaverei zu erheben. Er forderte lediglich die Beschränkung der Sklaverei in der Form, dass die weitere Westexpansion nicht zu weiterer Sklaverei führen sollte. Als er im Herbst 1860 zum 16. Präsidenten gewählt wurde, war dies für den Süden eine Kampfansage, die ihr Wirtschaftsmodell bedrohen würde. Über den Jahreswechsel 1860/1861 spaltete sich ein Südstaat nach dem anderen von der Union ab. Da sie der Union einst freiwillig beigetreten waren, sahen sie es nun als ihr gutes Recht, freiwillig wieder auszutreten. Im Februar 1861 gründeten sie die Konföderierten Staaten von Amerika. Für Abraham Lincoln waren die Abspaltungen von der Union rechtswidrig, da sich die Union zu einer einigen Nation entwickelt hätte, aus der man nicht einseitig austreten könne. Die Positionen verhärteten sich und der Süden begann Truppen zusammenzuziehen und Bundesforts auf ihrem Territorium zu belagern. Beim Fort Sumter gab ein für die Ideen der Südstaaten glühender bewaffneter Bürger eigenmächtig den ersten Schuss ab. Es war der Auftakt zum – bis heute – blutigsten Krieg der amerikanischen Geschichte, mit über 600.000 gefallenen Amerikanern. Die meisten Soldaten der Südstaaten waren selbst keine Sklavenhalter, dennoch kämpften sie zum Teil mit glühender Leidenschaft für die Rechte ihrer jungen »Nation«. Der Krieg nahm 1861 bis 1865 vieles von dem vorweg, was auf Europa fünfzig Jahre später zukommen sollte: mit Hurra in einen Krieg, der sich in einen technologischen Zermürbungskrieg entwickelte, Stellungskriege, Kriegsgefangennahmen mit zum Teil katastrophalen, unmenschlichen Lagerbedingungen.

Der Griff nach der Weltmacht

Die Vereinigten Staaten indes stiegen durch diesen Bürgerkrieg zur militärischen Großmacht auf. Mit den gesammelten militärstrategischen Erfahrungen und den neuen Waffentechnologien, konnte nun auch die Westexpansion, die militärische Vernichtung und Kolonisierung der indigenen Bevölkerung westlich des Mississippi vorangetrieben und bis zum Ende des 19. Jahrhunderts abgeschlossen werden. 1898 stiegen die Vereinigten Staaten im Spanisch-Amerikanischen Krieg zur Weltmacht auf, die dem ehemaligen Spanischen Kolonialreich Kuba und die Philippinen abtrotzte. Das Land war somit die erste Republik der Neuzeit, die Weltmacht wurde. Ein Systemwechsel auf dem Globus begann sich abzuzeichnen. Aus dem englischen Zeitalter sollte das amerikanisch-sowjetische Zeitalter werden. Das europäische System des Gleichgewichts der Mächte war abgelöst vom Gleichgewicht des Schreckens atomarer Bedrohungen.

Das Schicksal eines Staatenbundes

Die Vereinigten Staaten hatten Bestand, weil sie sich vom Staatenbund zum Bundesstaat entwickelt haben. Die (gewaltsame) Lösung der inneren Konflikte, die vollzogene Einigung und der Gleichschritt waren Katalysatoren für den Aufstieg zur Groß- und sogar Weltmacht. Auch Deutschland war ein Staatenbund, der 1815 als Nachfolger des untergegangenen Heiligen Römischen Reiches gegründete Deutsche Bund. Dieser sollte aber die von Napoleon geweckten deutschen Nationalgefühle und Freiheitswünsche der Menschen unterdrücken. Der Deutsche Bund diente dem Machterhalt der Dynastien, denen der Schrecken der französischen Revolution und des erobernden Emporkömmlings Napoleon noch in den Knochen saß. Der Staatenbund ging unter, weil der Zwiespalt zwischen den machtbesessenen Habsburgern und preußischen Hohenzollern eine konstruktive Weiterentwicklung zu einem Bundesstaat verunmöglichte. Der Staatenbund hatte keine Alternative als schlussendlich unterzugehen, weil der Bund nicht dem Interesse der Bevölkerung, sondern den Interessen der Herrscher und ihrer Macht diente.

Wilhelm der Plötzliche

Den untergegangenen Deutschen Bund hatte der preußische Ministerpräsident Otto von Bismarck unter Ausschluss Österreichs zunächst in einen norddeutschen Bundesstaat umgewandelt. Nach insgesamt drei Einigungskriegen war 1871 das kleindeutsche Kaiserreich entstanden. Das junge Kaiserreich bekam 1888 einen jungen Kaiser. Nach dem Tod des neunzigjährigen Kaisers Wilhelm I., der »unter Bismarck« Kaiser war, und dessen

Sohn Friedrich III., der wegen eines Kehlkopfkrebses im Endstadium nur 99 Tage Kaiser war, bestieg der 29-jährige Wilhelm II. den Thron. »Sechs Monate lasse ich den Alten verschnaufen, dann regiere ich selbst.« So äußerte er sich bezüglich des Eisernen Kanzlers Bismarck, der seinem Großvater einst den Thron gerettet und ihm später den Kaisertitel ermöglicht hatte. Wilhelm II. schien volksnah und entsprach ganz und gar dem Bild eines jungen, dynamischen und energischen Kaisers über ein werdendes Weltreich. Dem neuen, jugendlichen Stil der Selbstherrlichkeit und der Selbstdarstellung mit Hilfe von Militarismus in Form eines permanenten Bühnenauftritts wohnte ein gewisser Zauber inne. Die jugendliche Hoffnung wird Bismarcks Bündnissystem zerstören, sich gegen das Vereinigte Königreich ein Wettrüsten zur See liefern und sich im Zuge der Niederschlagung des Boxeraufstands im alten China mit der »Hunnenrede« weiter isolieren. Am Ende wird er nur mehr auf einen letzten treuen Bündnispartner in der Welt vertrauen können und dieser ist ein im Untergang begriffener Goliath: Österreich-Ungarn. Gemeinsam mit diesem »Völkerkerker«, in dem die Machthaber nicht die Zeichen und die Sprengkraft des nationalen Zeitalters erkennen wollten, wird er im Sommer 1914 als erster die rote Linie überschreiten. Hochgerüstet und zum Krieg intrigiert haben alle Mächte. Aber Wilhelm II. tappte naiv hinein und zerstörte damit nicht nur das Bismarck-Reich, sondern gemeinsam mit den anderen europäischen Mächten auch die alte europäische Ordnung.

Das Reich ist eine Republik

Die Niederlage im Ersten Weltkrieg ermöglichte im Deutschen Reich wie in Österreich den Übertritt zur Demokratie und zur Republik. Die Bipolarität zwischen alter dynastischer Ordnung sowie konservativ-reaktionärer Kräfte und einem modernen freistaatlich-liberalen System mit progressiven Kräften, kam besonders in der Symbolik der neuen Weimarer Reichsverfassung zum Ausdruck. »Das Reich ist eine Republik« hieß es widersprüchlich und zweischneidig in Artikel 1 der neuen Reichsverfassung. Dem neuen demokratischen Schwarz-Rot-Gold aus der Zeit des Widerstands gegen Napoleon und der 1848-Revolution stand noch immer das alte Schwarz-Weiß-Rot des großpreußisch dominierten Kaiserreichs in der Marineflagge gegenüber. Das alte Preußen, das zwei Drittel des Reichsgebietes ausmachte, wurde ebenfalls ein Freistaat – frei von einem Monarchen, also Republik. Entgegen seiner bisherigen jahrhundertelangen Tradition des Königtums, der Autokratie und des Militarismus sollte es zum letzten demokratischen Bollwerk der Weimarer Republik werden, das die konservativen Kräfte des Reiches 1932 in einem Staatsstreich, dem »Preußenschlag«, ausschalteten und Hitler das Modell der Gleichschaltung der Länder somit vorab am Präsentierteller vorlegten.

Wählt einen Mann, nicht eine Partei

Wie in Österreich war die Republik zum Schlachtfeld der aufeinanderprallenden Ideologien geworden. Militante marxistische Enteignungsansagen auf der einen Seite, die stete reaktionäre Gefahr von Monarchisten, Militärs und Bürgertum (das sich vor dem Marxismus fürchtete) auf der anderen Seite. In die Hände spielte diese dramatische Polarisierung, ebenso wie die Wirtschaftskrise und der Zwist zwischen den Parteien, dem lachenden Dritten: Adolf Hitler.

Ein greiser Monarchist und dekorierter Weltkriegsgeneral wurde immer mehr als letzter Retter der Republik gesehen: Paul von Hindenburg. Auch die Parteien der Mitte und von links stellten sich hinter ihn, um Hitler zu verhindern, würde er doch niemals Hitler zum Kanzler ernennen. Doch die Zeit der demokratischen Parteien war bereits zu Ende. Schon seit 1930 regierten Präsidialkabinette abhängig von der Gunst des Reichspräsidenten und mit Hilfe von Notverordnungen. Und auf den Plakaten zur Wiederwahl zum Reichspräsidenten stellte Hindenburg 1932 die Forderung: »Wählt einen Mann, nicht eine Partei!« Und Hitler greift Hindenburg direkt an: »Mein großer Gegenspieler ist 85 Jahre alt, ich bin 43 und fühle mich ganz gesund.« Bei den Reichstagswahlen im Juli 1932 kamen die antidemokratischen Parteien NSDAP mit etwa 37 Prozent und die kommunistische KPD mit etwa 14 Prozent gemeinsam auf über fünfzig Prozent. Noch vier Jahre zuvor war die NSDAP eine Splitterpartei mit etwa 2,5 Prozent gewesen. Die plebiszitäre Führerdemokratie war drauf und dran zur plebiszitären Führerdiktatur zu mutieren. Als Hindenburg am 30. Jänner 1933 Hitler dann doch zum Kanzler ernannte, hatten zu viele Menschen der Weimarer Demokratie das Vertrauen in die demokratischen Parteien verloren. Und obwohl Hitler Jahre zuvor versprochen hatte, die Parteien aus dem Parlament zu fegen, war es nun seine Partei, die nicht nur den Reichstag übernehmen, sondern den ganzen Staat umklammern sollte. Eine kleine Clique von Taugenichtsen übernahm mit ihrer Partei die Macht und bediente sich der staatlichen Institutionen und der preußischen Tugend des vorauseilenden Gehorsams, um ihre Partei-Diktatur zu errichten.

Uniformverbot und neue Bürgerwehren

Bereits in den Jahren zuvor hatten die Abgeordneten der Nazi-Partei von der parlamentarischen Immunität profitiert. Als im ganzen Reich bereits die Nazi-Uniformen verboten waren, war es im Reichstag möglich, diese sanktionslos zu tragen. Es war ein parlamentarisches System, das jenen die Immunität gab, die das parlamentarische System brutal abschaffen wollten. Als Ende März 1933 Hitler im Reichstag mit den Stimmen auch der konservativen und liberalen demokratischen Parteien sein Ermächtigungsgesetz, das Demokratie, Gewaltenteilung und Rechtsstaat faktisch abschaffte, mit Zweidrittelmehrheit durchbrachte, war auch die staatliche Macht längst an den Rand gedrängt. Die SA-Parteiverbände wachten im und vor dem Reichstag und schlugen die sozialdemokratischen Abgeordneten, die als einzige gegen das Ermächtigungsgesetz gestimmt hatten, mit ihren Knüppeln. Wenige Tage später sollten die meisten von ihnen nach Dachau abtransportiert werden. Binnen weniger Monate mutierte die Demokratie über ein autoritäres direkt in ein totalitäres System, das die Menschlichkeit, Deutschland und ganz Europa in die Barbarei und in den Abgrund stürzte.

Die Erste Republik in Österreich hatte sich und ihre Demokratie trotz der widrigen Zwischenkriegssituation über zehn Jahre ganz beachtlich halten können. Aber die zunehmend waffenstarrende Polarisierung zwischen Arbeiterschaft und Bürgertum führte zu einer Eskalation und Überbeanspruchung der demokratischen Institutionen. Als dann auch im geopolitischen Umfeld der Dominoeffekt kippender Demokratien immer dramatischer voranschritt – 1919 Ungarn, 1922 Italien, 1925 Polen, 1929 Jugoslawien, 1933 Deutschland – war die Last der Demokratie auch für Österreich irgendwann zu schwer geworden.

Jugend, Frühling der Schönheit, und die proletarischen Nationen

Gemeinsam mit Deutschland wollten auch die vom Ersten Weltkrieg und dem imperialistischen Westen enttäuschten, radikalisierten Siegerstaaten Japan und Italien das System der Welt umgestalten. Sie wollten die globale

Enteignung der reichen Westmächte und die geopolitische Umverteilung dieses Reichtums. So bildeten diese drei Mächte, die im Ersten Weltkrieg zum Teil noch gegeneinander Krieg geführt hatten, binnen weniger Jahre eine Achse von »proletarischen« Nationen, die sich stets übervorteilt und übergangen gefühlt hatte. In Italien, dessen Bedeutung im Ersten Weltkrieg von seinen Alliierten nachträglich kleingeredet worden war, kam aufgrund der Enttäuschung über den »verstümmelten Sieg« der Faschismus bereits 1922 an die Macht. Für die Wiedererstehung eines großen und militärisch dominanten römischen Reichs wurde die Jugend als Frühling der Schönheit besungen. Wie später auch im Hitler-Reich spielte die zu verführende Jugend eine Schlüsselrolle in der Ablöse des bisherigen Systems.

Anders als China hatte sich Japan in der Meiji-Restauration ab 1868 in Kopie der westlichen Industriemächte rasch von Isolation und Feudalismus gelöst und das Land binnen weniger Jahrzehnte im Blitztempo industrialisiert und globalisiert. So konnte Chinas Schicksal der Kolonisierung in Japan abgewehrt werden. Die rasche Industrialisierung führte aber zur Gier nach Rohstoffen und, wie in Deutschland zum Gefühl, bei der Aufteilung der Welt zu spät dran gewesen zu sein. Bereits vor dem Zweiten Weltkrieg führte Japan grausame Eroberungskriege gegen seine Nachbarn, insbesondere gegen China. Am Ende des Zweiten Weltkriegs verteidigte es sich gegenüber den Alliierten derart fundamentalistisch und selbstmörderisch, dass die Vereinigten Staaten im japanischen Kernland zwei Atombomben zur Explosion brachten. Japan wurde nach der Kapitulation rasch zum Verbündeten der Vereinigten Staaten und zum regionalen Vorposten gegen den Kommunismus. Es stieg trotz der kriegsbedingten Verluste binnen kurzer Zeit zur weltweit zweitstärksten Wirtschaftsmacht auf. Diesen zweiten Platz musste es 2010 an die Volksrepublik China abtreten. Die geopolitische Umverteilung war und ist noch nicht abgeschlossen.

Dritter Teil:

SYSTEMWECHSEL JETZT

*»Frag nicht, was dein Land für dich tun kann.
Frag, was du für dein Land tun kannst!«*

John Fitzgerald Kennedy

Das Ende aller Sicherheit

Das weltweite Stimmungsbarometer scheint das Ende des europäisch-amerikanischen Zeitalters bereits vorwegzunehmen. Menschen, die im globalen Süden leben, wünschen für sich zwar einen Lebensstil wie im Westen, aber wenn es um ihre Positionen geht, stehen sie mehrheitlich doch eher auf der Seite Chinas oder Russlands. Und die afrikanischen Staaten fordern für den Jahrhunderte andauernden Sklavenhandel Reparationen von den Verursachern. Und auch in Europa spüren die Menschen, dass sich etwas bewegt. Nicht nur in außenpolitischer Hinsicht, auch innenpolitisch kommt eine gewisse Unruhe auf. Sammelpublikationen von Menschen, die selbst in den vergangenen Jahrzehnten zur politischen, wissenschaftlichen, journalistischen Elite gehörten, geben nun gute Ratschläge, wie man doch noch alles in den Griff bekommen könnte. Warum jetzt auf einmal und erst jetzt? Hatten sie nicht die Jahrzehnte zuvor, an den Schalthebeln der Macht, die Möglichkeit etwas zu ändern? Man hat das Gefühl, dass viele »aufwachen«, aber wovon? Von den Träumereien der Demokratie? Von einem Albtraum des Fatalismus? Viele, die an den Brennpunkten seit Jahren die Missstände mitbekommen haben, wundern sich nur mehr über dieses Erwachen. Früher, als der Gestaltungsspielraum der Gesellschaft noch größer war, hätten sie sich darüber gefreut.

Keine Frage, sondern Gewissheit

Dass sich etwas ändern wird, ja ändern muss, ist also für viele schon Gewissheit. Und so artikuliert jede der sich weiter polarisierenden Seiten ihre jeweiligen Forderungen und noch mehr Einzelmaßnahmen. Die einen glauben, dass es nur an Migration beziehungsweise der Demographie liegt, die anderen, dass es nur an den Reichen liegt, die Dritten glauben, dass es nur am Klima liegt, die Vierten verteufeln die Wissenschaftsskepsis und so weiter. Dabei wird es immer offensichtlicher, dass es eine gesamthafte Systemkrise ist. Irgendetwas muss über die letzten Jahrzehnte nicht nur in der Außenpolitik, sondern auch im Inneren passiert sein. Man könnte fast den Eindruck bekommen, als wäre das bisherige politische System immer weniger geeignet, die neuen und künftigen Probleme zu bewältigen. Aber was wäre, wenn es gar nicht die Herausforderungen sind, die sich so verändert und dramatisiert haben? Was wäre, wenn die Herausforderungen dieselben sind, wie einst: Wirtschaftskrisen, Ressourcen- und Versorgungsknappheiten, Arbeitskräftemangel oder Arbeitslosigkeit, Massenmigration, Kriege, religiöser Fanatismus, politischer Extremismus, Terrorismus. Was wäre, wenn wir diese Herausforderungen deshalb als so fatal und unüberwindlich ansehen, weil wir spüren, dass sich nicht die Herausforderungen geändert haben, sondern das politische System sich (schleichend) verändert hat?

Zwischen den Systemen

Und stellen wir die These auf, dass die (schleichende) Veränderung des politischen Systems sich freilich in Wechselwirkung auf die Herausforderungen auswirkt. So wie beim Niedergang der Zivilisation in den dunklen Jahrhunderten am Ende der Bronzezeit, für den wir heute nicht mehr beantworten können, was zuerst da war: die Systemkrise, die unter anderem die Ressourcenverknappung, die Wanderungen der Seevölker und manches mehr hervorrief? Oder die Ressourcenverknappung, die Wanderungen der Seevölker und anderes mehr, die zum Systemkollaps führten? Und wessen Kollaps führte dann zum Dominoeffekt, dass eine Zivilisation nach der anderen zusammenbrach, bis auf einmal die gesamte östliche Mittelmeerwelt in politischer, territorialer, sozialer und wirtschaftlicher Hinsicht nicht mehr wiederzuerkennen war? Vielleicht ist die Unsicherheit, die manche von uns nur spüren, andere jeden Tag in ihrer Tätigkeit aber bestätigt bekommen, nur das Symptom der Veränderung. Das Symptom des Übergangs von einem System zu einem anderen.

Die Demokratieskeptiker haben Recht

Wir hören immer öfter, dass die Menschen staatlichen Institutionen und der Demokratie weniger vertrauen. Sieht man sich den Vertrauensindex in Institutionen an, dann sieht man, dass die Menschen am meisten der Polizei und dem Bundesheer vertrauen. Also bestimmten staatlichen Institutionen, nämlich jenen, die direkt bei den Menschen sind. Andere sind im oberen oder unteren Mittelfeld, wie etwa die Wissenschaft oder die Justiz. Wiederum andere sind im unteren Feld der Skala: Parlament, Opposition, Regierung. Allesamt erkennbar von Parteien dominierte Institutionen. Und steht die Justiz vielleicht deshalb um einiges schlechter da als Polizei und Bundesheer, weil sie, nicht zuletzt durch mediale Berichterstattung, wesentlich stärker mit parteipolitischen Machenschaften, mit denen sie sich auseinanderzusetzen hat und teilweise auch auseinandersetzen will, in Zusammenhang gebracht wird?

Sind die Demokratieverdrossenheit und die Demokratieskepsis womöglich nicht schlecht, sondern richtig? Was wäre, wenn die Menschen vielleicht spüren, dass sich das politische System, das sich allüberall mit dem Begriff »Demokratie« etikettiert, in ein anderes System verwandelt? Und zwar umso schneller und stärker, je mehr die euphemistischen Etiketten der Demokratie aus der Zauberkiste geholt werden. Was wäre, wenn die Demokratieskepsis und Demokratieverdrossenheit gar keine Demokratieskepsis und Demokratieverdrossenheit sind, die es einzudämmen gilt? Was wäre, wenn sich die Skepsis nicht gegen die (nicht vorhandene) Demokratie, sondern gegen die (entstehende oder vorhandene) Anarchie, Oligarchie, oder Autokratie richtet? Das wäre dann eine Skepsis, die es nicht zu bekämpfen, sondern endlich zu hören gilt.

Der Kreislauf der Systeme und der Kreislauf der Systemwechsel

Gemäß den Philosophen Aristoteles, Polybios und Machiavelli ist jedes politische System vergänglich, beziehungsweise neigen auch gute Herrschaftssysteme zur Entartung. Mit einer neuen Herrscher-Generation besteht auch die Chance oder aber die Gefahr des Systemwechsels. Insbesondere auf das antike Griechenland und Rom bezugnehmend, hatte es zu Beginn einen monarchischen Alleinherrscher gegeben. Dieser herrschte zwar allein, aber zum Gemeinwohl aller. Dieser edelmütige Monarch, der durch Tugend und Leistung an die Herrschaft gelangt war, war nicht das Problem, sondern seine Nachfolger, die Generationen nach ihm.

Von der Monarchie zur Tyrannei

Auf ihrem Thron der Macht geboren, begannen sie den Eigennutz über das Gemeinwohl, ihre Herrscherdynastie über das Gemeinwesen zu stellen. Und sie stellten sich die Frage, ob nicht die Allgemeinheit zu Recht dahinterkommen würde, dass sie den Thron nicht durch Tugend und Leistung erworben, sondern ausschließlich durch das Glück der Geburt erlangt hatten. Um davon abzulenken, schikanierten sie die Untergebenen und Untertanen und beuteten sie aus, damit sie mit sich selbst beschäftigt wären und nicht die Ressourcen zum Widerstand hätten. So konnte man besser die eigene Macht auskosten und hinauszögern. Die andauernde Macht führte aber zu immer größerem Übermut. Und der immer größere Übermut führte zu tyrannischem Unrecht. Aus der Monarchie war manchmal nur binnen einer Generation eine Tyrannei geworden.

Von der Aristokratie zur Oligarchie

Die unterdrückende Ungerechtigkeit führte dazu, dass sich einige Edelmütige dazu aufrafften, gegen das Unrecht selbstgerechten Machtmissbrauchs eines einzelnen Tyrannen anzukämpfen. Um Gerechtigkeit wiederherzustellen, stürzten sie in einem Putsch den Tyrannen und richteten eine Herrschaftsform ein, die sich wieder dem Gemeinwohl verpflichtete. Aus der Tyrannei war eine Aristokratie geworden. Das Problem waren die Nachfolger derer, die diese Herrschaftsform erkämpft hatten. Die nächste(n) Herrscher-Generation(en) war(en) wiederum auf ihrem bequemen Thron der Macht geboren. Gemeinwohlorientiertes Denken wurde vom Eigennutz abgelöst. Die Schikanen für das Gemeinwesen wurden zum Zwecke des persönlichen Machterhalts größer, aus Recht wurde wieder Unrecht. Aus der Herrschaft der Wenigen, die zum Wohle aller regierten, war eine Herrschaft der Wenigen geworden, die nur im Interesse des persönlichen Machterhalts regierten. Die Aristokratie war zur Oligarchie mutiert.

Von der Demokratie zur Anarchie

Um die Ungerechtigkeit einer kleinen Clique, die nur mehr um sich selbst kreiste, zu beenden, revoltierte das Volk und stürzte die tyrannischen Oligarchen. Die Oligarchie wurde von der Demokratie abgelöst. Das Volk und seine Repräsentanten kannten den Wert der Demokratie, die sie selbst der Oligarchie abringen mussten. Die Regierung zum Zweck des Gemeinwohls wurde daher hochgehalten. Die Probleme entstanden mit den Nachfolgern dieser Machthaber, also der nächsten Bevölkerungsgeneration, die als Souverän die Macht in der Demokratie innehatte. Geboren auf ihrem »Thron« demokratischer Errungenschaften, erachteten sie das System als selbstverständlich, ihre politische Macht als angeborenes Recht, dem keine Pflichten mehr gegenüberstehen. Freiheiten wurden mit Egoismus und Rechte wurden mit Privilegien verwechselt. Dies artete in Zügellosigkeit und schrankenlosem Missbrauch von Rechten und Freiheiten aus, der ins Chaos mündete. Aus der Demokratie ist eine Tyrannei der Vielen, eine Anarchie, beziehungsweise eine *Selbstherrschaft* aller, eine Autokratie geworden.

Von der Anarchie in die Tyrannei

Wie in einer belagerten Stadt wollen irgendwann alle raus aus diesem noch als Demokratie etikettierten System, das keine Demokratie mehr ist. Auch die neue Generation des Herrschersouveräns möchte aus diesem Chaos raus, weil sie spürt, dass die Alten und Schwachen auf der Strecke bleiben und man selbst so nicht alt werden möchte. Wenn die Hoffnungen auf einen edelmütigen und tugendhaften Alleinherrscher, der das Gemeinwohl endlich wieder zur Herrschaftsprämisse macht, allmählich schwinden, dann muss man sich an jenen, mit den schönsten Verlockungen und Versprechungen wenden. Denn noch ist man der Fassade nach eine Demokratie, noch darf man selbst entscheiden, wem man die Stimme und die Macht gibt. Von wem man sich die Sicherheit und die Wiederherstellung der Ordnung im Eintausch gegen die Freiheit versprechen lässt. Dies ist der Moment, in dem die Selbstherrschaft und Anarchie mit demokratischem Antlitz direkt wieder in eine Tyrannei münden kann, in der der Eigennutz und der Regierungsselbstzweck des Machterhalts Vorrang gegenüber dem Gemeinwohl haben, das höchstens in der Propaganda noch eine Rolle spielt.

Die Generationenkatastrophe

Er findet also statt, der Systemwechsel, unaufhaltsam, ob wir wollen oder nicht. Und die Veränderungen sind freilich eine Generationenfrage. Aufgabe eines gemeinwohlorientierten Systems muss es daher sein, vorzusorgen, dass kommende Generationen nicht selbstverliebte und selbstgerechte Mitglieder der Gesellschaft werden, die alles ablehnen, außer sich selbst und vielleicht ihre eigene Generation. Auch die Nachfolger-Generation derer, die die gemeinwohlorientierte Demokratie einst errungen

DER STAATSFORMENKREISLAUF

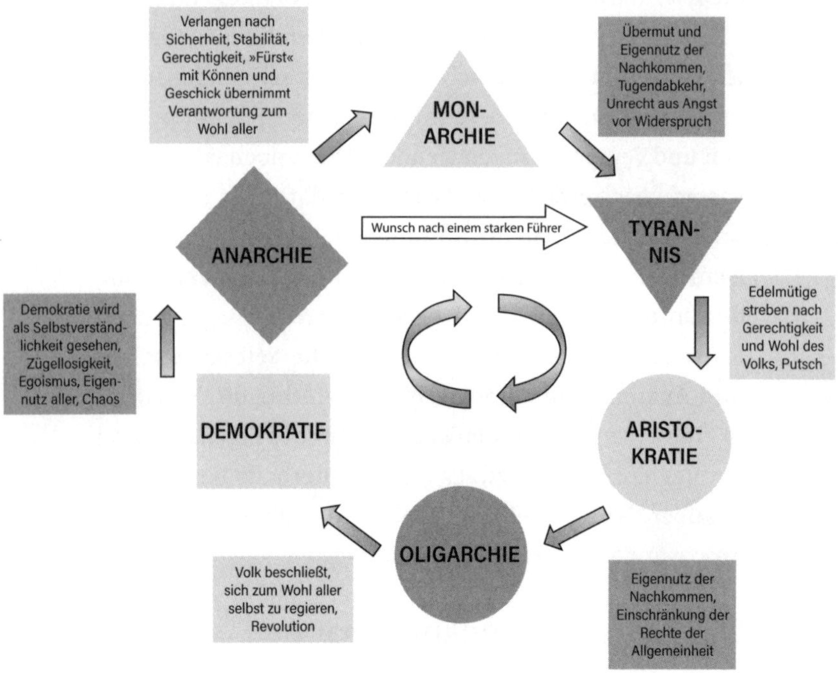

Verlangen nach Sicherheit, Stabilität, Gerechtigkeit, »Fürst« mit Können und Geschick übernimmt Verantwortung zum Wohl aller

Übermut und Eigennutz der Nachkommen, Tugendabkehr, Unrecht aus Angst vor Widerspruch

MON-ARCHIE

ANARCHIE

Wunsch nach einem starken Führer

TYRAN-NIS

Edelmütige streben nach Gerechtigkeit und Wohl des Volks, Putsch

Demokratie wird als Selbstverständlichkeit gesehen, Zügellosigkeit, Egoismus, Eigennutz aller, Chaos

DEMOKRATIE

ARISTO-KRATIE

OLIGARCHIE

Volk beschließt, sich zum Wohl aller selbst zu regieren, Revolution

Eigennutz der Nachkommen, Einschränkung der Rechte der Allgemeinheit

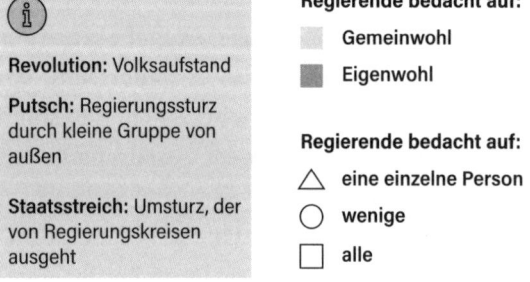

ⓘ

Revolution: Volksaufstand

Putsch: Regierungssturz durch kleine Gruppe von außen

Staatsstreich: Umsturz, der von Regierungskreisen ausgeht

Regierende bedacht auf:

■ Gemeinwohl

■ Eigenwohl

Regierende bedacht auf:

△ eine einzelne Person

◯ wenige

☐ alle

hatten, und die das System in eine egoistische Selbstherrschaft steuert, kann nichts dafür, wenn die Vorgängergeneration darin versagt hat, sie zu lehren, was Demokratie wirklich und abseits ihrer Etiketten bedeutet. Es ist eine verlorene Generation, wenn sie ihrer Möglichkeit zur Tugendhaftigkeit und zur Beitragsleistung für das Gemeinwesen beraubt und als Propagandawerkzeug für ihre eigene Verherrlichung missbraucht wird. Daher ist diese Generation selbst die erste, die einen Systemwechsel in Richtung gemeinwohlorientierte Monarchie oder, blindlings tappend, gar in eine Tyrannei herbeisehnen und herbeiführen wird. Sie ist aber auch eine Generation, die – mit ausreichend Selbstdisziplin und systemischer (Selbst-)Kritik – all das verhindern kann und den Systemwechselkreislauf weg von echter, gemeinwohlorientierter Demokratie, wenn schon nicht verhindern, so doch verzögern kann. Aber leider braucht es manchmal, wenn die vom System verursachten Verherrlichungen und Verderbtheit irreversibel sind, den tiefen Absturz ins Tal der Tränen, um den Blick und den Weg frei zu machen für eine bessere Zukunft, die nicht von Selbstsucht und Selbstdarstellung geprägt ist.

Das eiserne Gesetz der Oligarchie

Die Theorien der antiken und neuzeitlichen Philosophen finden sich in moderner Gestalt auch in den Betrachtungen des Soziologen Robert Michels wieder. Dieser widmete sich zwischen seinen Stationen von der deut-

schen Sozialdemokratie zum italienischen Faschismus
der Soziologie des Parteiwesens in der modernen Demokratie. Hierbei skizzierte er 1911 das »Eherne Gesetz der
Oligarchie«. Demnach würde jedes politische System,
somit auch eine moderne Parteiendemokratie, zum oligarchischen System verkommen, in dem tatsächlich
nur eine kleine Gruppe die Fäden zieht. Gerade in einem
hochkomplexen, bürokratischen und technokratischen
System mit hierarchischer Organisation, würde eine bestimmte Kaste von Menschen, die über entsprechenden
Status und somit Hintergrundwissen verfügen, Kontrolle
über andere ausüben.

Die Chronologie der Dekadenz

In der römischen Kaiser-Autokratie hatte sich das Christentum durchsetzen können, weil es ein egalitäres Gegen-
modell zum elitären Modell der kaiserlichen Hierarchien
angeboten hatte. Über Jahrhunderte an der Macht, war es
die katholische Kirche, die ihren Einfluss sukzessive an
neue Autoritäten abtreten musste. Die Macht der Päpste
schien zum Selbstzweck der einst auf Gleichheit und Gerechtigkeit bedachten Glaubensgemeinschaft geworden
zu sein. Aus einem egalitären Konzept wurde ein elitä-
res. Ihre Autorität nutzten sie, um die Bevölkerung mit
Ablassbriefen zu betrügen, um so ihre Macht und ihren
Prunk absichern zu können. Eine der neuen wachsenden
Autoritäten, die ab dem Spätmittelalter und in der Neuzeit den Selbstzweck-Dogmen der Kirche die Stirn bot,

war die Wissenschaft. Gelehrte wie Galilei wurden von der Kirche verfolgt, weil sie sich nicht ihren hierarchischen Dogmen des Machterhalts unterwarfen, sondern Vernunft, Verstand und Logik zu ihren Dogmen machten. Heute, wie auch bereits vor über hundert Jahren, begegnen wir einer scheinbar größer werdenden Wissenschaftsskepsis. Universitäten des späten 19. Jahrhunderts stützten das Herrschaftsmodell des Patriarchats der kaiserlichen Höfe in Österreich-Ungarn und Deutschland. Frauen, die studieren wollten, wurden Schikanen in den Weg gelegt. Heute behaupten Universitäten von sich, keine halben Wahrheiten zuzulassen. Und müssen sich den Vorwurf einer gewissen elitären Abgehobenheit gefallen lassen. Strenge Hierarchien, in denen die Professur das ultimative Karriereziel ist und der »Mittelbau« von Lehrenden oder Forschenden in Kettenverträgen um seine Rechte kämpfen muss. Sind dies alles Anzeichen dafür, dass sich die Wissenschaft von ihren Gründungsprinzipien ähnlich distanziert hat, wie einst die christlichen Kirchen? Wie auch immer, als Kraft, die sich immer mehr bürokratisiert und hierarchisiert und Einfluss auf die Politik nehmen möchte, gleichzeitig von dieser in gewissen Maßen abhängig ist, wird sich die Wissenschaft selbstkritisch auch mit ihrer eigenen gegenwärtigen und möglichen künftigen Rolle auseinandersetzen müssen, ehe man selbstherrlich von sich behauptet, die ganze Wahrheit gepachtet zu haben. Denn elitäre Ansagen, wonach nur der Papst das Recht hat, die Bibel auszulegen, kennt man aus der Geschichte.

Eine Herrschaftsform als Narrativ

Aufstrebende Systeme sind deshalb aufstrebend, weil sie den Menschen ein Zukunfts-Narrativ anbieten. In Europa und seinen Mitgliedstaaten wird den Menschen aber ein rückwärtsgerichtetes, konservatives, gewiss nicht (mehr) progressives Narrativ angeboten. Es wird selbstgerecht eine Demokratie angepriesen, die vielleicht keine mehr ist. Es wird der Sozialstaat hochgehalten, der so vielleicht nicht mehr lange finanzierbar ist. Es werden Freiheiten versprochen, die vergangene Generationen errungen haben und gegenwärtige Generationen durch ihre Schrankenlosigkeit wieder zerstören. Das Schlimmste aber ist das falsch verstandene Haupt-Narrativ der Demokratie. Ist es unser Ernst? Eine Herrschaftsform ist unser Narrativ, unsere Ideologie, unsere Daseinsberechtigung. Vielleicht wird Europa deshalb von innen und von außen als so schwach wahrgenommen, weil es ihm an echten Inhalten und einer Zukunftsvision fehlt und weil die Menschen innen und außen vermuten, dass es sich um ein hochbürokratisches System mit einem Selbstzweck handelt. Dem Selbstzweck des Machterhalts der Parteienoligarchie. Ein System, das nur jenen die Mitwirkung ermöglicht, die die Ressourcen haben, in den Parteien Türklinken zu putzen, sich unterzuordnen und sich in ihren Hierarchien hochzudienen. Wahlen können nicht darüber hinwegtäuschen, wie sehr es die Eliten sind, die hier an der Macht sind. Wahlen allein reichen nicht, um ein Machtsystem von Partei-Eliten als egalitär zu tarnen.

Das Schiffsgleichnis

In seinem Werk *Politeia* (»Der Staat«) vergleicht der antike Philosoph Platon den demokratischen Staat, das Gemeinwesen mit einem Schiff, den Schiffsherrn mit dem Volk und die Matrosen mit den politischen Machthabern. Auf diesem Schiff ist der Schiffsherr der Stärkste und Größte von allen, aber er sieht und hört schlecht und versteht auch von der Schifffahrt nicht viel. Die Matrosen sehen und hören gut, haben aber nie gelernt, das Schiff zu steuern. Sie tun alles, um den Schiffsherrn dazu zu bringen, ihnen das Steuer zu überlassen. In diesem Kampf geraten die Matrosen untereinander in Streit, kämpfen gegeneinander und töten sich gegenseitig. Den Schiffsherrn machen sie betrunken, dann fesseln sie ihn. Als sie das Ruder übernommen haben, plündern sie die Speisekammer und fahren ziellos und feiernd über das Meer. Sie sind der Überzeugung, dass es entscheidend und Beweis der Kompetenz ist, ans Ruder zu kommen. Auch wenn man das Schiff gar nicht steuern kann. Platon, der Verfechter einer Philosophenherrschaft war, kritisierte an der Demokratie, dass sie dafür anfällig wäre, dass Schmeichler an die Macht kommen und, einmal an der Macht, nur ihre eigenen Zwecke bedienen würden, beziehungsweise gar nicht in der Lage wären, ein Gemeinwesen zu führen.

Das Höhlengleichnis

Ebenfalls in seiner *Politeia* skizziert Platon einen Ausweg aus dem frustrierenden Dilemma des politischen Systems, wie es im Schiffsgleichnis beschrieben ist. Von Kindheit an sind die Menschen in einer unterirdischen Höhle gefangen. Sie sehen lediglich die Schatten von Menschen und Gegenständen, die hinter ihnen bewegt und von einer Lichtquelle bestrahlt werden. Sie halten die Schatten mit ihren unterschiedlichen Größen und Formen für die Realität und nehmen die Verzerrungen der Wirklichkeit, ihre Wahrnehmungen als Wissen hin. Da sie gefesselt sind, können sie nur schwer ausbrechen und nicht einmal den Kopf nach hinten neigen. Unter diesen Bedingungen erlangen die niedrigeren Bedürfnisse die Herrschaft über die höheren Veranlagungen der Tugend und Vernunft. Einer aber schafft den Ausstieg aus der Höhle und diesen Bedingungen. Er sieht das Feuer, sowie die Menschen und Gegenstände, die die Schatten verursacht haben. Er verlässt die Höhle und sieht das Sonnenlicht. Er ist völlig geblendet und muss sich an das Licht erst gewöhnen. Er sieht das Gute, die Wirklichkeit und stellt den wahren Lebenssinn fest. Die bloßen Schatten in der Höhle erkennt er als vergängliche Täuschung. Er ist zur Rückkehr in die Höhle verpflichtet, um die anderen Gefangenen an dieser Erkenntnis teilhaben zu lassen. Dort läuft er aber Gefahr, getötet zu werden, weil sich die Menschen ihre Schattenwelt nicht nehmen lassen wollen.

Platon ist der Auffassung, dass nicht viele in der Lage sind, sich von den Ketten und Schatten bloß vergänglicher Werte wie Materiellem oder Macht lösen zu können. Aber aus seiner Sicht seien nur jene in der Lage, das ganze Gemeinwesen im Sinne aller zu steuern, die diese Erkenntnis der Bedeutung des Ideellen anstatt des Materiellen erlangt haben. Platon betrachtet die Polis, das Gemeinwesen, als großen Menschen, in dem die Organe zusammenwirken sollen, im Optimalfall unter Führung der Vernunft. In diesem Gemeinwesen muss – wie beim Menschen – die Vernunft mächtig und die Macht vernünftig werden.

Die menschliche Unfreiheit im Gewande der Freiheit

Der neuzeitliche Philosoph Baruch de Spinoza beschreibt in seinem Werk »Ethik«, dass die menschliche Ohnmacht, sich zu mäßigen und seine Affekte zu kontrollieren, tatsächlich *Unfreiheit* wäre. Freiheit bedeutet daher nicht, das zu tun, was einem seine Affekte diktieren. Denn dieser Mensch bestimmt nicht seine eigenen Gesetze, sondern ist permanent seinen Affekten, der Macht des Schicksals unterworfen. So ein Mensch befolgt Gesetze und Regeln bloß aus Furcht. Im schlimmsten Fall folgt er aus diesem Furcht-Affekt auch bösen Regeln, auch wenn er weiß, wie er richtig handeln sollte. Wer also bloß aus Furcht vor drohendem persönlichen Nachteil Regeln befolgt (auch wenn diese richtig sind), wird nicht von der Vernunft geleitet und handelt im Aberglauben. Abgesehen davon, dass er mit solcher Motivation auch anfällig dafür ist, das Böse zu befolgen, weil er sich sklavisch fremden Regeln unterwirft, anstatt wirklich frei zu sein. *Unfreiheit* ist die Macht der Affekte über den Menschen.

> *»Der den Affekten unterworfene Mensch steht nicht unter seinen eigenen Gesetzen, sondern unter denen des Schicksals.«*
>
> Baruch de Spinoza

Die Macht der Freiheit

Freiheit genießen gemäß Spinoza diejenigen, die die irrtümlich als Freiheit verstandene Macht ihrer Affekte durchschauen und überwinden. Dies gelingt jenen, die sich als Teil einer Gesamtheit verstehen und in Vernunft mit dieser Gesamtheit harmonieren, anstatt bloß ihren eigenen Affekten des Egoismus, des Hochmuts, der Niedergeschlagenheit, der Wollust oder des Zorns zu folgen. Solche tugendhaften Menschen wollen, dass das Glück, das sie sich wünschen auch anderen Menschen zukommt. Damit allen Freiheit und Glück zuteil wird, strebt der von Vernunft geleitete Mensch, die gemeinschaftlichen Rechte des Staates einzuhalten. Nicht aus Furcht, sondern aus Erkenntnis der Bedeutung des Gemeinwesens. Der Mensch ist wirklich frei, wenn er sich seiner Pflichten gegenüber dem Gemeinwesen bewusst ist. *Freiheit* ist die Macht, die eigenen Affekte zu kontrollieren.

» Was zur gemeinsamen Vereinigung der Menschen führt oder was bewirkt, dass die Menschen in Eintracht leben, ist nützlich, dagegen ist das schlecht, was Zwietracht in den Staat bringt. «

Baruch de Spinoza

Von der Monarchie...

Das System muss sich – um dem Schicksal der drohenden Tyrannei der Vielen oder eines Autokraten zu entgehen – von der *Monarchie* wieder zur *Republik* entwickeln. Die Verfassungsjuristen unterscheiden diese beiden Staatsformen nach der Frage, ob der Herrscher durch Thronfolge an die Macht gelangt, seine Amtszeit unbegrenzt ist und er politisch und rechtlich verantwortlich gemacht werden kann oder nicht. Aus historischer, politologischer, philosophischer und soziologischer Sicht bestehen noch weitere dramatische Gegensätze.

Die *Monarchie* steht im Alleineigentum des Herrschers, beziehungsweise der regierenden Dynastie. Da ein kleiner Kreis alles und jeden kontrolliert, sogar die glaublich freien Bürger, identifizieren sich die Bürger auch gar nicht mit dem System und verteufeln den Staat. Die Partikularinteressen der Regierungsschicht stehen im Vordergrund. Ihr Regierungszweck ist einzig der Machterhalt.

Allfällige Schmeicheleien der Bevölkerung gegenüber sind Schmeicheleien und dienen der Propaganda – zum Zweck des Machterhalts. Der Modus der Herrschenden in diesem System ist, gemäß dem Grundsatz »Teile und herrsche«, die Spaltung. Diese Herrscherphilosophie überträgt sich auch auf die Bürger. Das Leben ist ein Macht- und Ellbogenkampf. In der Monarchie wird das Volk mit Brot und Spielen, also mit Konsum abgelenkt. Die Legitimation des Alleinherrschers beruht auf seinen äußerlichen Merkmalen, dem Charisma. Er, beziehungsweise das Herrschaftssystem, die Herrschaftsform, werden als Heilsbringer quasi sakral gefeiert und glorifiziert. Der Jugendkult ist ein versteckter Unsterblichkeitskult.

...zur Republik

Die Republik befindet sich demgegenüber im Gesamthandeigentum aller Bürger. Diese identifizieren sich daher mit dem Gemeinwesen, dem Staat, und empfinden Empathie für alle, die auf welche Weise auch immer diesem gesunden Staat und seinem Gemeinwesen zuarbeiten. Es geht nicht darum, dass eine der Staatsgewalten in Hierarchie über den anderen steht und die anderen kontrollieren und sklavisch unterwerfen kann. Es herrscht echte Gewaltenteilung auf Augenhöhe. Der Polizeibeamte steht nicht unter dem Parlamentarier, sondern mit ihm auf einer Stufe des gegenseitigen Respekts. Es findet ein Ausgleich der Interessen und kein Machtkampf statt. Die Republik basiert seit der Antike auf zwei Konzepten: der Freiheit und der gemeinwohlorientierten Tugend. Die Freiheit ist daher kein Freibrief zur ekstatischen Ausnützung von Privilegien, sondern die Freiheit ist Verpflichtung – frei von äußeren Zwängen – zum Gemeinwohl beizutragen, damit anderen das gleiche Glück zuteil werden kann wie einem selbst. Der Modus in einer Republik ist daher das Zusammenwirken, die friedliche Konfliktlösung und, im Sinne wahrer Freiheit, die Affektkontrolle. Affekte wie Hochmut, Egoismus, Selbstverherrlichung und Selbstdarstellung müssen zurückstehen. In der Republik sind die Bürger keine bloßen Konsumenten, die immer nur nach Vorteilen für sich suchen. Die Legitimation der Herrschenden – in einer Republik sind das alle Bürger – stützt sich auf ein gemeinsames und gerechtes Rechtssystem und eine bildungsbasierte, humanistische Werteordnung. Nicht Verherrlichungen, Ausschweifungen, Zügellosigkeit, Jugend- und Unsterblichkeitskulte prägen das System, sondern Vernunft, Logik, Verstand, Ernsthaftigkeit und Seniorität.

Staatsprinzip oder Parteienprinzip?

Was ist der Staat? Das hängt von der Staatsform ab: In einer (oligarchischen) Monarchie ist der Staat, wie beschrieben, das Eigentum einer einzelnen Person beziehungsweise einer Dynastie, die ihn von Generation zu Generation als »Erbstück« weitergibt. Der Staat, all seine Besitzungen und die Menschen darin sind gewissermaßen Eigentum des Monarchen beziehungsweise der Dynastie, die frei über sein Schicksal und das der Men-

Staatsrechtliche Definition:

Gegenteil von Monarchie, Staatsoberhaupt wird auf bestimmte Zeit gewählt, politische / rechtliche Verantwortung, Amtszeit begrenzt

REPUBLIK

STAATSFORMEN

Staatsrechtliche Definition:

politische Organisation des Staates nach Stellung des Staatsoberhaupts

MONARCHIE

Staatsrechtliche Definition:

Staatsoberhaupt durch Erbfolge bestimmt, keine politische / rechtliche Verantwortung, Amtszeit unbegrenzt

---

Historische/politologische/philosophische/soziologische Aspekte

- Im Gesamthandseigentum aller Bürger Bürger identifizieren sich mit Gemeinwesen (»zoon politikon«)

- Ausgleich der Interessen – echte Gewaltenteilung

- Basiert auf zwei Konzepten:
  1. Freiheit, aber auch
  2. »Tugend« = Gemeinwohl

- Modus: Zusammenwirken für gemeinsames Ziel Friedliche Konfliktlösung/Affektkontrolle

- Legitimation: Recht und Werteordnung, Rationalisierung, Ernsthaftigkeit, Seniorität

---

Historische/politologische/philosophische/soziologische Aspekte

- »L´État, c´est moi!« – im Alleineigentum der Dynastie

- Kleiner Kreis kontrolliert alle Bürger, Bürger identifizieren sich nicht mit politischem System

- Partikularinteressen der Regierungsschicht im Vordergrund

- Modus: divide et impera! Regierung dient Selbstzweck des Machterhalts

- Legitimation: sakral oder Charisma, Berufung eines Einzelnen, Glorifizierung, Jugend- und Unsterblichkeitskult

schen verfügen können. In einer (demokratischen) Republik (lat. res publica = die öffentliche Angelegenheit) sind alle Menschen die Miteigentümer des Staates. Mit dem eigenen Eigentum sollte man sorgsam umgehen und es auch für die eigenen Nachkommen in der Substanz erhalten. Das heißt mit dem Staat ist so umzugehen, dass er nicht untergeht, dass die Menschen, die für ihn arbeiten (sei es im Gesundheits-, Bildungs-, Sozial- oder Sicherheitsbereich, der Wirtschaft oder anderem) nicht zusammenbrechen beziehungsweise ihre Stellen auch in Zukunft noch besetzt werden können. Momentan sehen wir aber ein System, in dem jedes Individuum seine eigenen Rechte in den Vordergrund und die damit verbundenen Pflichten zunehmend in den Hintergrund stellen darf, insbesondere wenn es sich um eine populäre und glorifizierte beziehungsweise (von Politik, Medien, Wirtschaft und anderen) umworbene Bevölkerungsgruppe (wie zum Beispiel »die Jugend«) handelt. Dabei wird die Möglichkeit gegeben, den Staat als Sündenbock herhalten zu lassen. Genauer gesagt, nur eine der drei Teilgewalten: die Verwaltung (beziehungsweise Exekutive). Denn die Justiz genießt (noch) eine Sonderstellung. Und mit der Legislative (dem Parlamentarismus) identifiziert man sich ja, beziehungsweise wird »die Jugend« sehr wohl solidarisiert, denn da kann man ja mitbestimmen und entscheiden, das ist attraktiv, das bringt einen selbst weiter in der Machthierarchie. Die (Drecks-)Arbeit dessen, was entschieden wurde, soll dann gefälligst wer anderer machen: die Verwaltung (Exekutive), also Polizei, Bundesheer,

Gesundheitswesen, Bildungswesen und so weiter. Das ist für die Jugend dann nicht mehr so attraktiv, mit diesem Teil des Staates wird man nicht solidarisiert, höchstens vielleicht noch mit den Universitäten, aber das war es dann schon. Der Staat (genauer: die Teilstaatsgewalt Verwaltung/Exekutive) wird also für alles verantwortlich gemacht, was andere verursacht haben: nämlich die Parteien in der Legislative (im Parlament), nicht selten von den am lautesten Schreienden, aber auch von Medien, der veröffentlichten Meinung vor sich hergetrieben.

Also gilt das Prinzip: »Die Partei ist alles! Der Staat ist nichts!« Kleine Gruppen mit ihren eigenen Partikularinteressen und Klientelen stehen ganz oben, der Staat, die Allgemeinheit, das Gesamtwohl steht ganz unten. Im derzeitigen System gilt das Parteienprinzip. Nicht das Prinzip der Republik, des öffentlichen Interesses, des Gemeinwohls, des Staats. Aber Vorsicht: aus einer Parteienoligarchie könnte schnell eine Parteienautokratie oder sogar eine plebiszitäre Führerautokratie entstehen, wenn sich die Parteien weiter gegenseitig zerfleischen. Denn im neuen System wird jene Kraft die Macht erlangen, die sich für den Staat stark macht und nicht für die Partei. Oder jene Kraft, die so tut als ob.

Oligarchie statt Republik

In einer Oligarchie der modernen Adelstitel (Prominenz, politische Funktionen, akademische Adels-Titel) fallen diejenigen zurück, die arbeiten, sich für den Staat (das sind wir alle) und somit für andere Menschen engagieren. Diejenigen, die am lautesten schreien, sich einen formalen Abschluss und ein Diplom nach dem anderen holen oder ausschließlich einer Partei dienen (weil man sich auch nur von Parteien politische Mandate und inzwischen auch staatliche/amtliche Funktionen erhoffen kann und sich somit dann auch nur der Partei schuldig fühlt), sich in diesem Sinne in (sozialen) Medien selbst darstellen, überholen mit Leichtigkeit jene, die arbeiten, wirklich für andere da sind und sich für den Staat (für uns alle) einsetzen.

Diejenigen, die sich in diesem Sinne nur für die eigene Popularität engagieren und sich dabei geschickt hinter dem aktuellen Mainstream, Trends und Worthülsen beziehungsweise Euphemismen wie etwa Toleranz verstecken, kommen im jetzigen System der Oberflächlichkeiten viel weiter. Man muss sich nur mit der (Polit-)Prominenz, mit den Medien, mit der Wissenschaft gut stellen. Polizisten, Ärzte und Lehrer sind für die Publicity nicht so nützlich. Es handelt sich also, wie bereits im ersten Teil zusammengefasst, um eine stark geschichtete (stratokratische) Gesellschaft, wie ein Kastensystem: ganz oben die Prominenz (die mitunter durch reine Zufälle oder momentane Begeisterungsstürme Berühmtheit erlangt hat), darunter die Adelstitel der Moderne (die akademischen Grade), darunter die Absolventen von Gymnasien (Matura) und darunter jene, die ein Bildungssystem gewählt haben, in dem sie sich bereits seit jugendlichem Alter für andere Menschen einsetzen, arbeiten und daher auch mit ihren Abgaben einen Beitrag zur Allgemeinheit und zu den sozialen Auffangnetzen leisten. In einer elitär-strato-kratischen Oligarchie zählt nicht, was jemand sagt, sondern nur wer es sagt. Man wird daher auch nicht gehört, solange man unten ist.

Die Daseinsberechtigung des Staates

Es dreht sich also alles um die Macht der Parteien und der mit diesen in wechselseitiger Abhängigkeit stehenden sonstigen Eliten, wie der Wissenschaft oder den Medien. Die Menschen, die nicht diesen Gruppen angehören, stellen in ihrem Alltag große Probleme des Gemeinwesens fest, die von Parteipolitik, Medien und Wissenschaft bisher nicht oder nun erst allmählich wahrgenommen werden. Während sich die einen in ihren Machtbereichen arrangieren und ihren Autoritätsstatus zu wahren suchen, stellen die anderen die Frage nach der Gerechtigkeit. Ist es gerecht, wenn Menschen, die »Staatsbürger«, jahre- oder jahrzehntelang durch ihre schwere Arbeit mit ihren Steuern und Sozialversicherungsabgaben zum System, zum Staat (uns allen) beitragen, dann aber im Ernstfall, wenn überhaupt, lediglich eine Mehrklassen-Medizin, -Bildung und -Justiz erhalten (weil die Systeme von der Macht ausgezehrt wurden und zusammengebrochen sind)?

Wenn der Staat (eines Tages?) nur mehr stark darin ist, Steuern einzutreiben und für Park- und sonstige Ordnungswidrigkeiten zu kassieren, aber Gesundheit, Bildung, Ordnung und am Ende – durch das dadurch entstehende Chaos – Sicherheit nicht mehr gewährleistet, dann wird dadurch der Eindruck entstehen, dass sich nur mehr die Reichen, Prominenten und/oder Machthaber Gesundheit, Bildung, Sicherheit und politischen Einfluss leisten können. Dann darf es nicht wundern, wenn die »Staatsbürger«, wie einst die britischen Kolonisten in den 13 Kolonien in Nordamerika (»No Taxation without Representation«), eines Tages die Frage nach der Daseinsberechtigung des Staates stellen.

Das alte System

Wenn wir also dem alten System unterstellen, dass es an allen Ecken und Enden krankt und kracht und an mehreren Stellen ein Ausbluten feststellen, dann ist es freilich wichtig, sich diesen betroffenen Stellen zu widmen. Dann ist es wichtig, dazu beizutragen, dass Menschen dort aufgenommen werden, wo sie gebraucht werden: in den Schulen, in der Kranken- und Altenpflege, in den Spitälern, in der Sozialarbeit, bei der Polizei. Alle sollen hier ihre Rolle bekommen, die sie sich ausgesucht haben und die sie mit Interesse und vielleicht sogar Leidenschaft ausfüllen können. Sie sollen in ihrer Rolle für die Gesellschaft nicht nur vor der Aufnahme umworben, sondern auch danach wertgeschätzt werden, und zwar im Sinne der Seniorität, je länger sie diese wichtige Tätigkeit gemacht haben und nicht umgekehrt. Sie sollen nicht mit der Überhandnahme von Bürokratie vertrieben oder in die Erschöpfung getrieben werden. Sie sollen nicht das Gefühl haben, dass ihre Arbeit ein politisches, mediales oder juristisches Minenfeld ist, bei dem jeder ethisch-moralisch richtige Schritt zur Vernichtung führen kann. Denn auch psychischer Druck kann einen ausbrennen. Gleichzeitig wird jenen, die vom Ausbrennen der anderen nutznießen und immerzu auf den Vorrang ihrer eigenen Privilegien pochen, ihre *Freiheit* nur vorgegaukelt. Denn die Macht ihrer Affekte, die immer mehr genährt wird, versetzt sie in menschliche *Unfreiheit*.

Vom neuen System

Da diese Probleme, die auch ihren Anteil am Personalmangel haben, kein spezifisches Problem der jeweiligen Bereiche sind, sondern das ganze System bereits im Würgegriff halten, ist es einfach nicht ausreichend, mehr Personalaufnahmen zu verlangen, wenn dann eh bald wieder alle raus wollen aus den unerträglichen Verhältnissen der belagerten Stadt. Wenn man es ernst meint mit seinen Ansagen und nicht bloß den Schiffsherrn betrunken und benebelt machen möchte, dann wird man sich einmal ordentlich dem ganzen (politischen) System und somit auch der eigenen Macht, der eigenen Rolle in einem an allen Stellen kriselnden System zuwenden müssen. Und nicht immer nur einzelne Teilbereiche herauspicken und vom grünen, komfortablen Tisch der Glas- und Säulenpaläste aus kritisieren. Denn Demoralisierung in Zeiten von Arbeitskräftemängeln ist nicht nur eitel, sondern auch staatszersetzend. Symptombehandlung wird nicht mehr genügen, wenn das Multiorganversagen aufgehalten werden soll. Die wichtigen Teilbereiche der Bildung, der Gesundheit, der Sicherheit und ja, auch die Demokratie, wirken immer mehr dysfunktional und sind es auch, weil der Staat, der in den letzten Jahrzehnten in falsch verstandener Interpretation von Demokratie, Rechten und Freiheiten nur für eine kleine Elite immer mehr erodiert wurde, ihnen kein stabiles Fundament mehr ist. Und das neue System sollte ein System sein, das die Menschen von ihrer Unfreiheit, der Macht ihrer Affekte, befreit oder sie zumindest dabei unterstützt. Und ein System das ihnen ihre echte Freiheit zurückgibt.

Von der Bildung

Unser System fokussiert sich auf die Schwächen und lässt dabei die Stärken links liegen. Um den Teufelskreislauf der Generationenkatastrophe und der Macht der Affekte zu durchbrechen, muss das Bildungssystem den jungen Menschen *Freiheit* beibringen: Freiheit von Hochmut, Freiheit von Eitelkeiten, die Freiheit, den Bildungsweg nach den eigenen Fähigkeiten, Talenten und Interessen zu gestalten. Frei vom gesellschaftlichen Zwang, zu den oberen Kasten mit ihren Adelstiteln der Moderne gehören zu müssen. Die permanente Forderung der Aufwertung der Lehre ist in Wahrheit ihre Abwertung. Die Lehre gehört nicht aufgewertet, sie ist mit der Matura mindestens gleichzustellen. Der Beitrag an der Gesamtgesellschaft, der mit der Lehre verbunden ist, bedeutet sogar die Notwendigkeit, die Lehre gegenüber der Matura zu privilegieren.

Junge Menschen sollen wieder motiviert werden, sich in den Bereichen zu engagieren, die für eine zusammenhaltende Gesellschaft so wichtig sind: Gesundheit, Sicherheit, Soziales. Sie sollen nicht verführt werden, bloß aus Standesdenken und persönlichen Aufstiegsfantasien eine bestimmte Ausbildung zu machen. Der Aufstieg in Bildungshierarchien darf nicht egoistischer Selbstzweck sein, sondern muss mit der Gemeinwohlorientierung und dem Einsatz für das Gemeinwesen einhergehen. Das Bildungssystem darf nicht zur weiteren Schichtung der Gesellschaft, wie einst in Zeiten des Adels führen. Alle Kinder sollen bis zum Alter von 18 Jahren ein Lyzeum besuchen. Ein Lyzeum, in dem sie eine hervorragende allgemeinbildende Basis erhalten, ein Lyzeum, in dem sie nicht bereits in der dritten Klasse Volksschule in zwei Standes-Schichten aufgespalten werden und Eltern dafür teure Nachhilfe bezahlen müssen. Ein Lyzeum, das von Montag bis Freitag ganztägig Unterricht anbietet. Im Alter von 14 Jahren sollen sich die jungen Menschen innerhalb des Lyzeums, das sie alle bis zum Alter von 18 Jahren weiter besuchen werden für einen Zweig entscheiden, der ihren Interessen, Fähigkeiten, Leidenschaften, Talenten entspricht. Jeder Zweig besteht aus zwei Schwerpunktmodulen, einem allgemeinbildenden, wie zum Beispiel Naturwissenschaften, Technik, Geisteswissenschaften, Musik beziehungsweise bildende Künste und einem Praxismodul, wie zum Beispiel aus der Palette der Lehrberufe, beziehungsweise in den Bereichen Gesundheit, Sicherheit, Soziales, Pädagogik. Am Ende des Lyzeums erhalten die Schüler einen Abschluss, der je nach gewähltem Zweig den grundsätzlichen formellen Befähigungsnachweis für einen bestimmten Berufszweig oder ein bestimmtes Studium darstellen wird.

Aus dem System des Lyzeums kann niemand »ausbrechen«, es nicht vorzeitig abbrechen, da es der Ort der Jugend ist, an dem Bildung stattfindet. Bis zum Alter von 18 Jahren besteht Lyzeumspflicht. Sämtliche Talente- und Sprachförderungen, Nachhilfen, sportliche Aktivitäten und Verpflegung werden vom Lyzeum im Rahmen des ganztägigen Unterrichts bereitgestellt oder organisiert. Alle jungen Menschen finden im Lyzeum ganztägige Tagesstrukturen und gleiche Chancen. Die im Lyzeum eingesetzten Pädagogen sollen sich ganz auf ihre pädagogischen Aufgaben konzentrieren können und nicht Bürokratie, Sozialarbeit oder Psychotherapie kompensieren müssen. Hierfür sind dem Bildungssystem entsprechende Fach- und Unterstützungskräfte beizugeben. Ein solcherart durchorganisiertes und von der Republik, dem Gemeinwesen bezahltes Bildungssystem für alle verlangt im Anschluss von den Berechtigten einen Beitrag, eine Gegenleistung für die Republik.

Das Republiksjahr

Bildung besteht nicht bloß aus Ausbildung, sondern auch aus Persönlichkeits- und Herzensbildung. Alle Absolventen des Lyzeums werden in ein Republiksjahr einberufen. Hier können sie sich einen staatlichen Bereich aussuchen, in dem sie ihren Beitrag zum Gemeinwesen leisten wollen: Gesundheit, Pflege, Bildung, Elementarpädagogik, Soziales, Infrastruktur, Justiz, Polizei, Militär. Dieses Republiksjahr wird ebenso wie ein entsprechender Lehrberuf beziehungsweise eine entsprechende Berufsausbildung auf die erforderliche Arbeits- und Praxiszeit von mindestens drei Jahren für die Zulassung zu einem Universitätsstudium angerechnet. Wer nach dem Republiksjahr noch zwei weitere Jahre bei der Polizei oder im Strafvollzug gearbeitet hat, ist zum Beispiel zum Jus-Studium freigeschaltet. Wer die Pflegeberufsausbildung ergriffen hat und im Republiksjahr dort im Einsatz war, ist nach der entsprechenden Zeit für ein Medizin-, Psychologie- oder Pharmaziestudium freigeschaltet. Für das Studium ist dann, wenn die entsprechenden Befähigungs- und Praxisnachweise vorliegen, kein Auswahlverfahren und keine Aufnahmeprüfung erforderlich. Die bereits erbrachten Leistungen für das Gemeinwesen im Republiksjahr beziehungsweise im Arbeitsleben erbrachten Steuerleistungen sind auch Grundlage dafür, dass für das Studium bei entsprechendem Fortschritt keine Studiengebühren anfallen. Personen, die seit mindestens zehn Jahren durch Arbeit beziehungsweise Kindererziehung einen Beitrag zum Gemeinwesen geleistet haben, sind bei einem Studium an keine zeitlichen Vorgaben mehr gebunden. Das Republiksjahr gilt für alle Schulabsolventen, und unter bestimmten Voraussetzungen wohl auch für jene, die von der Republik, vom Gemeinwesen einen Beitrag in Form eines Studiums, sonstige Leistungen oder Asyl erhalten haben. Und wer von sich behauptet, ein glühender Europäer zu sein, der kann im Anschluss an das Republiksjahr ein Europa-Jahr anhängen, in dem man europaweit in den wichtigen staatlichen und gesellschaftlichen Bereichen praktische Erfahrungen sammeln kann. Es geht nicht darum, die Komfortzone anderer europäischer Akademien kennen zu lernen, sondern die Lebensrealitäten im übrigen Europa.

> *»Hat uns doch das Vaterland nicht unter der Voraussetzung hervorgebracht oder aufgezogen, dass es von uns sozusagen kein Pflegegeld erwarte und allein im Dienste unserer Bequemlichkeit uns für unsere Muße eine sichere Zuflucht, einen sturmfreien Ruheplatz biete, sondern dass es den größten und besten Teil unseres Geistes, unserer Erfindungs- und Entschlusskraft für sich — zu seinem eigenen Nutzen — als Pfand nehme und uns nur so viel davon zum persönlichen Gebrauch überlasse, wie viel es dann noch erübrigen kann.«*

Marcus Tullius Cicero

Von der Politik

Unser Wort *Politik* kommt vom griechischen *Polis*, dem Stadtstaat. Politik ist also kein Selbstzweck, ebenso wenig wie *Demokratie*, die bloß eine Herrschaftsform ist. Die Politik hat ihrem Zweck, dem Staat, dem Gemeinwesen zu dienen. Wer in die Politik möchte, wer als Demokrat *herrschen* möchte, muss das Gemeinwesen kennen gelernt haben.

Nicht jene, die nach dem Selbstzweck der Mitgestaltung und der Macht suchen, gehören in die Politik, sondern jene, die den Staat wirklich erlebt und für das Gemeinwohl gearbeitet haben. Jugend oder ein Studium sind für sich allein keine ausreichende Qualifikation für die Politik. Lebenserfahrung und die harte Schule des alltäglichen tugendhaften Einsatzes für die Menschen sollten die Qualifikation für die Politik sein. Dann wären aktive Politiker auch nicht mehr so sehr von den Affekten permanenten Bühnenauftritts und der Selbstdarstellung abhängig. Denn so wirken Politiker, vor allem die jungen, eher wie Hochstapler und das Erwachen nach Jahren der Täuschung ist ein böses.

Der Beitrag für die Gesellschaft, die harte Schule des tugendhaften Einsatzes für die Menschen findet nicht in den Säulen- und Glaspalästen der Herrschaftsform *Demokratie* statt, sondern in den Schulen, in den Kindergärten, in den Spitälern, in den Alten- und Pflegeheimen, in Sozialheimen, auf der Straße bei der Polizei oder beim Militär im Dienste des Schutzes der Bevölkerung. Dort findet politische Bildung statt, dort wird der Mensch zum *zoon politikon* erzogen. Dort bekommt er eine Ahnung vom Gemeinwesen. Nur dort, als Gleicher unter Gleichen und nicht bloß als besuchender und in die Kamera grinsender Gast, erwirbt er die Qualifikation, später für das Volk sprechen zu können. Um in Parlamenten, in Regierungskabinetten tätig sein zu können, braucht es Lebenserfahrung und wahre erbrachte Leistung für das Gemeinwesen, die Republik. Lebenserfahrung und Leistung, die zur Affektkontrolle führen, sind ein Zeitfaktor. Die politische Tätigkeit in Parlamenten, Regierungen, Kabinetten und politisch besetzten Funktionen des Staates, wird, um der Tugendhaftigkeit und der Republik wieder gerecht werden zu können, zunächst ein entsprechendes Mindestalter, zum Beispiel von 43 Jahren, wie einst bei den Konsuln der Römischen Republik, erfordern. Die Beteiligung der Jugend im Staat braucht in einem *intermediären System* nicht in Parlamenten zu erfolgen. Die Beteiligung der Jugend an der Politik erfolgt in einer Polis, einem republikanischen Staat, in den staatlichen Institutionen selbst: in den Schulen, in den Kindergärten, in den Spitälern, in den Alten- und Pflegeheimen, in Sozialheimen, auf der Straße bei der Polizei oder beim Militär. Hier vertritt sich die Jugend selbst. Indem sie sich humanistisch und als *zoon politikon* zeigt und beweist. Indem sie im Staat für den Staat ihren Beitrag zum Gemeinwohl leistet. Wer sich in diesem Bereich der Polis, des Staats beweist, qualifiziert sich, später in Säulen- und Glaspalästen für das Volk sprechen zu dürfen. Vielleicht bekommt die Demokratie so die Chance, anstatt bloß ausgebildete und zur Rhetorik geschulte Manager, wieder durch Basiserfahrungen geprüfte und somit gebildete Philosophen in die staatlichen Spitzenfunktionen zu bekommen. Denn wer herrschen will, muss sich nicht nur selbst beherrschen, sondern muss auch dienen können.

Vom Gemeinwesen

Ziel und Zweck der Entstehung des politischen Gemeinwesens war gemäß dem Philosophen John Locke der

Frieden. Im Naturzustand hätten die Menschen friedlich nebeneinander leben können. Aber bereits als sich nur einige Wenige nicht an die Spielregeln hielten und auch der Friedfertige nur mit Selbstjustiz reagieren konnte, um sich zu schützen, drohte der Naturzustand in einen Kriegszustand zu kippen. Die Menschen hätten ihre natürliche Gewalt aufgegeben und in die Hände des Gemeinwesens gelegt, um Frieden zu erhalten. Die selbstverständlichen und jedem einleuchtenden Regeln des Miteinanders, das Naturrecht, waren von der Legislative des neuen Gemeinwesens, vom Parlament, in gesatztes, formelles Recht zu bringen. Das Gewaltmonopol zur Konfliktbeilegung sollte dem Staat zukommen. So ist die Basis des Gemeinwesens und somit aller Staatlichkeit der Frieden, der Schutz vor Gewalt, vor einem chaotischen »Jeder gegen jeden« und somit die Sicherheit. Es ist der Staat, der Frieden und Sicherheit gibt. Es ist der Staat, der mit seinem Gewaltmonopol die Freiheiten schützt.

Von den Freiheiten

Ohne Staat also keine Freiheiten. Die Entstehung des politischen Gemeinwesens hat die natürlichen Freiheiten in bürgerliche Freiheiten umgewandelt. Die Aufgabe des Staates ist es, Ordnung herzustellen, wenn jemand die Spielregeln verletzt. Wenn der Staat nicht mehr in der Lage ist, diese Ordnung und Sicherheit zu gewährleisten, dann droht die Rückkehr *des* Zustands, zu dessen Abwehr der Staat einst errichtet worden war: die Rückkehr des Kriegszustands. Schrankenlose Freiheiten der einen verletzen die Freiheiten der anderen. Freiheit kann daher nur zusammen mit Gesetzen und handlungsfähigen staatlichen Institutionen, die diese auch durchsetzen, bestehen. Da die staatlichen Institutionen ihrerseits von Staatsbürgern am Leben gehalten werden, haben auch diese ihre bürgerlichen Freiheiten, die es zu respektieren gilt. Weil wenn ihre Freiheiten nicht respektiert werden, werden tugendhafte Staatsbürger ihre Aufgabe nicht erfüllen können. Wenn sie weniger Rechte haben als andere, die sich dieser Herausforderung nicht stellen, dann besteht die Gefahr, dass irgendwann nur mehr Skrupellose den Staatsdienst wahrnehmen, die sich ihre Freiheiten mit Selbstjustiz erkämpfen und nicht auf einen versagenden Staat hoffen müssen.

»Das Prinzip der Demokratie entartet nicht allein, wenn der Geist der Gleichheit abhandenkommt, sondern auch, wenn sich der Geist übertriebener Gleichheit breit macht.«

Charles Louis de Montesquieu

Vom Rechtsstaat

Damit die Bürger im Interesse ihrer Sicherheit und ihres Selbstschutzes davon überzeugt sein dürfen, dass sie dem Staat zu Recht ihre natürliche Gewalt übertragen haben, muss der Staat dieser Aufgabe auch gerecht werden. Die Bürger haben daher Anspruch auf einen funktionierenden Rechtsstaat, der ihre bürgerlichen Freiheiten, wie zum Beispiel Eigentum, schützt. Dieser Rechtsstaat darf nicht von religiösen oder parteipolitisch-partikularhaft motivierten Dogmen ad absurdum geführt werden. Denn wenn der Rechtsstaat sein Gewaltmonopol aufgibt und parallele Rechtssysteme neben sich duldet, die von den Bürgern nicht legitimiert wurden, beschwört er wieder den Kriegszustand herauf.

Von der Gewaltenteilung

In einer konstitutionellen Monarchie wurde deshalb ein starkes Parlament gefordert, da in dieses gewählte Bürger mit entsprechender Macht gegenüber dem herrschenden Monarchen ausgestattet sein und auch Rückgrat haben sollten. In einer parlamentarischen Demokratie ist wahre Gewaltenteilung gleichsam wichtig, da auch gewählte Abgeordnete ihre Macht missbrauchen können. Der Philosoph John Locke hielt fest, dass Staatsgewalten immer dazu neigen, ihren Spielraum auf Kosten der jeweils anderen Staatsgewalten auszudehnen. Und der jakobinische Radikalparlamentarismus der Französischen Revolution hat gezeigt, wohin die Reise zu gehen droht, wenn alle Macht nur mehr von einer gewählten Körperschaft ausgeht. In der »neuen« Gewaltenteilung dominieren die (Parteien-)Mehrheitsverhältnisse im Parlament zur Gänze auch die Teilgewalt der Exekutive und zu einem gewissen Teil auch die Judikative. Dies macht das Parlament und die Parlamentarier zur Spitze einer Gewaltenhierarchie. Auch das Gewaltenteilungskonzept von Montesquieu adressiert die generelle Neigung des Menschen zum Machtmiss-brauch. Macht kann allerdings nur von jenen missbraucht werden, die sie auch tatsächlich haben und mit dieser Macht andere kontrollieren und beherrschen können.

Echte Gewaltenteilung würde bedeuten, dass das Parlament auf einer Stufe mit der Verwaltung (dem handelnden Staat im engeren Sinn) und der Justiz steht. Die Vorführung von Menschen vor ein Tribunal kann nicht Aufgabe der Legislative sein. Volksvertreter dürfen sich nicht als Chefermittler und Richter aufspielen – auch weil ihnen hierzu jede Ausbildung und Erfahrung fehlt. Das ging schon im Jakobinismus schief. Und es tut dem Parteien-Parlamentarismus nicht gut, lässt das Vertrauen in ihn weiter abstürzen. Und das Parlament ist auch kein Übungsfeld, in dem man heimliche Traumberufe ausprobieren darf. Und ein Selbstinszenierungsfeld sollte es erst recht nicht sein. Ein bisschen mehr Demut der Parlamentarier gegenüber allen Mitgliedern der Gesellschaft, auch jenen, die ebenfalls dem Staat dienen, wäre höchst angebracht. Und nicht nur der abstrakten Masse der Wählerschaft gegenüber.

Von der Demokratie

Die Demokratie ist eine Herrschaftsform. Gewiss ist sie eine bessere Herrschaftsform als solche, in der eine Person oder kleine Gruppe alle unterdrücken können. Aber sie ist *nur* eine Herrschaftsform. Als solche ist sie kein Selbstzweck, als solche allein kann sie Sicherheit nicht aufrechterhalten. Sie sollte daher auch nicht als Selbstzweck verherrlicht werden. Wenn sie funktioniert und sich eine junge Generation von Bürgern mangels Bildung keinen falschen Begriff davon macht und eine alte Generation von Bürgern das Vertrauen in sie nicht verliert, ist sie dem friedlichen Miteinander und den wechselseitig respektierten Freiheiten eine stabile und tragende Säule. Aber sie ist eben *nur* eine Säule und eine solche braucht ein solides und stabiles Fundament. Im Dreck des Chaos ist sie weder imstande zu stehen noch imstande, die schwere Last des friedlichen Miteinanders zu tragen.

Vom Gemeinwohl

Die Säulen der Demokratie, des Rechtsstaats, der Gewaltenteilung, des Föderalismus, sie alle sind kein Selbstzweck. Ihre Aufgabe ist, das Dach zu tragen, das Selbstzweck sein darf: die wechselseitig respektierten Freiheiten, das friedliche Zusammenleben, der soziale Frieden. Diese schwere Last zu tragen, ohne selbst brüchig zu werden, können sie nur, wenn sie auf einem stabilen Fundament stehen. Dieses Fundament ist die *Republik*. Das gemeinwohlorientierte Gemeinwesen. Ohne dieses gibt es keine Demokratie, keinen Rechtsstaat, keinen Sozialstaat, kein friedliches Zusammenleben. Es muss daher robust sein und die Menschen, die dieses Fundament funktionsfähig halten, im Gesundheitswesen, im Bildungswesen, im Sozialwesen, im Sicherheitswesen, in der Infrastruktur, in der Wirtschaft und so weiter, müssen leistungs- und handlungsfähig bleiben, ohne Furcht vor drakonischen Strafen wegen Bagatellen. Sie dürfen nicht das Gefühl haben, die Buhmänner der Nation zu sein. Sie dürfen nicht von den anderen Bürgern und von der Politik als Fremdkörper wahrgenommen werden, die man permanent überwachen und einem Generalverdacht aussetzen muss. Denn auch sie sind Bürger. Das Gemeinwohl, das vom Gemeinwesen »Staat« Tag für Tag bewerkstelligt wird, ist also hoch- und funktionsfähig zu halten. Auch wenn das Gemeinwohl im Sinne eines modernen Partikularismus auch nicht Selbstzweck sein darf. Wenn es nämlich als solches propagiert wird, dann droht ein Kippen in ein totalitäres System. Sowohl der Jakobinismus des Robespierre, Lenins Diktatur des Proletariats als auch Hitlers Nationalsozialismus, haben allesamt das Gemeinwohl eines einheitlichen Volkswillens, die Einheitlichkeit und den Gleichschritt der Nation propagandistisch für sich beansprucht, um dann erst recht eine Diktatur einer kleinen Parteielite zu etablieren und die staatlichen Institutionen mit ihrem Parteiapparat zu umklammern. Sie haben den Staat als Mittel zum Zweck ihres Machterhalts missbraucht. Nicht der Staat, nicht die Nation waren Ausgangspunkt all dieser Diktaturen, sondern Parteien mit ihren Partikularinteressen.

Von der Nation

Auch wenn die Nation, oder richtiger der Begriff der Nation – ebenso wie der Staat – von nationalistischen und etatistischen Demagogen und Diktatoren missbraucht wurde, darf man nicht ihre Ursprünge verkennen. Mit der Französischen Revolution 1789 hatte die Geburtsstunde der (modernen) Nation in Europa geschlagen. Die Nations-Geburt der Vereinigten Staaten, die sich massiv auf eben jene europäische ausgewirkt hat, fand bereits wenige Jahre zuvor statt. In den Vereinigten Staaten wurde die Nation erkämpft und sie wurde zur Lebensgrundlage für die (moderne) Republik. Mit der Nation wurde ein monarchisches (und gegenüber den Bewohnern der Kolonien) autokratisches Kolonialreich abgeschafft. Die Französische Revolution hingegen beendete (zunächst) das feudale System, die Leibeigenschaft, die Ungerechtigkeit, die Adelsprivilegien und die Unterdrückung durch eine absolutistische Königsautokratie. Ohne die Nation hätte Europa nicht (schrittweise) den Weg der Republik, der Demokratie, der Freiheit, der Menschenrechte, des Rechtsstaats, des Sozialstaats eingeschlagen. Die Nation hat den Feudalismus abgeschafft und an seine Stelle den Staat treten lassen. Wer die Abschaffung des Staates, seines Gewaltmonopols und seiner äußeren Schutzhaut, seiner Grenzen, fordert, der fordert, möglicherweise ohne es zu wissen, die Rückkehr zu einer willkürlichen Feudalherrschaft. Zu einer Feudalherrschaft, in der in einem System des (Un-)Rechts der Stärkeren wieder Clans und Warlords das chaotische Machtvakuum ausfüllen.

Vom pflichtgemäßen Handeln

Andere Menschen so zu behandeln, wie man selbst gerne behandelt werden möchte. Die Einhaltung dieser einfachen und über Jahrtausende gültigen Regel würde das friedliche Miteinander um einiges leichter machen. Leider genügen einige Wenige, die die Spielregeln grob verletzen, um das ganze Gleichgewicht zu kippen. Der (in der Republik wirkende) römische Staatsmann und Philosoph Marcus Tullius Cicero hat in seinem Werk *De officiis* (»Vom pflichtgemäßen Handeln«) vier Teilbereiche der Ehrenhaftigkeit (honestum), gewissermaßen vier Kardinaltugenden definiert:

1. Theoretische und praktische Erkenntnis
2. Gemeinschaftssinn und Gerechtigkeit
3. Seelengröße
4. Sinn für Ordnung und Maß

In der Volksrepublik China werden Kindern, trotz der kommunistischen Staatsführung, die Lektionen des Konfuzius gelehrt. Disziplin, Respekt, vor allem gegenüber den Älteren, werden als Selbstverständlichkeit erachtet. In Europa legt man einen größeren Wert auf Etiketten. Der Stand, der formale Bildungsabschluss, spielen eine größere Rolle als Ethik und Moral. In der Schul- und Universitätsbildung fokussiert man sich immer stärker auf sprachliche Etiketten und korrektes Zitieren. Die Inhalte und Werte sind zweitrangig, wenn nicht gar bedeutungslos, solange man vorgibt, auf der richtigen Seite zu stehen. Und wenn die Menschen dann irgendwann erwachsen sind, kann man sie, sofern sie dann arbeiten, ja ohnehin mit bürokratischen Vorschriften drangsalieren. Vielleicht wird

Europa auch deswegen momentan von China überholt. Weil inhaltsleere Etiketten und Phrasen vorherrschen und ethisch-moralische Inhalte dabei zu kurz kommen.

Vom neuen Sozialstaat

In einer Welt, in der (Selbst-)Disziplin, Respekt und Arbeit im Sinne der Gemeinschaft und nicht nur der Selbstgerechtigkeit keine Rolle mehr spielen, stellt sich also immer häufiger die Frage, wie der Sozialstaat abgesichert werden kann. Wenn es so weitergeht wie bisher, wahrscheinlich gar nicht. Wenn man für eine 20-Stunden-Teilzeitarbeit, zum Beispiel im Gesundheitsbereich, nicht wesentlich mehr bekommt als mit der Mindestsicherung, dann wird es schwierig bleiben und noch schwieriger werden. Dann wird man weiterhin abhängig sein von »den Dummen«, die noch leisten, oder von »billigen Arbeitssklaven« aus dem Ausland, die uns bei Tag und Nacht und jedem Wetter das Essen bequem in unsere Komfortzone liefern. Für Menschen, die dreißig oder vierzig Jahre »wie die Trottel« gearbeitet haben, wirken Ansagen wie bedingungsloses Grundeinkommen wie eine Kampfansage. Warum sollte jemand, der gerade im Alter von 18, 19 Jahren Matura gemacht hat, vom Staat, dem Gemeinwesen, so viel Geld bekommen, das andere jahrzehntelang dem Staat für ihre Arbeit abgeführt haben? Wird den Älteren dann, im Sinne der Gerechtigkeit, rückwirkend für jeden Monat nach ihrem 18. Lebensjahr 1.500 Euro ausgezahlt? Das wird sich nicht nur finanziell, sondern auch für das friedliche Miteinander der Generationen nicht mehr ausgehen. Möglicherweise hilft in so einer Situation der verhärteten Fronten nur mehr der Umstieg vom Umlauf- ins sukzessive Anlagesystem. Bis zu einem gewissen Alter, etwa 45 bis 55 Jahre, bekommt man nur so viel ausbezahlt, wie man insgesamt auch eingezahlt hat, und vor diesem Alter nur in dramatischen Härtefällen mehr.

Vom neuen Staatsbürger

Der neue Staatsbürger solidarisiert sich mit dem Gemeinwesen, mit dem Staat. Er verfällt nicht den Verlockungen, sich ausschließlich mit elitär wirkenden Institutionen, wie den Universitäten oder Parlamenten zu solidarisieren, weil diese Ruhm und Macht versprechen, während andere staatliche Institutionen schlecht gemacht werden. Er solidarisiert sich mit dem gesamten Gemeinwesen und erkennt, dass er in dem Gemeinwesen nicht nur wechselseitig zu respektierende Rechte, sondern auch Pflichten hat. Es gibt daher keinen rein formellen Staatsbürgerschaftsbegriff mehr. Staatsbürgerschaft bedeutet, bereits seinen Beitrag zum Gemeinwesen geleistet zu haben, sein Republiksjahr geleistet zu haben, mit seinen Steuern zum Funktionieren der Gesellschaft beigetragen zu haben, das Gemeinwesen nicht durch massives Verletzen der Spielregeln der Gefahr des Kriegszustands »jeder gegen jeden« ausgesetzt zu haben. Das Wahlrecht und Vergünstigungen, sowie Leistungen, die der Staat, der Steuerzahler gewährt, dürfen ein entsprechendes Bemühen dem Gemeinwesen gegenüber voraussetzen. Völlige Missachtung der Spielregeln und Verhaltensweisen, die das friedliche Zusammenleben und das Funktionieren des Sozialstaats brüskieren, sind nicht staatsbürgerlich und können die Sanktionierung durch das Gemeinwesen in Form von Entzug von Leistungen nach sich ziehen. Jedenfalls darf es nicht sein, dass Menschen, die sich staatsbürgerlich konform verhalten und ihre Beiträge leisten, zum Beispiel durch permanentes Ausquetschen als Nettozahler, auf lange Sicht schlechter gestellt werden als jene, die sich nicht staatsbürgerlich verhalten.

Von Bürgern in Waffen

Dass der Beamte auf gleicher Stufe zu stehen hat wie der Parlamentarier, davon war oben bereits die Rede. Doch nun wird es darum gehen, wie man Polizeibeamte und Menschen in anderen Berufsgruppen, die das staatliche Fundament alltäglich aufrecht erhalten, gegenüber Parlamentariern privilegieren kann. Denn schließlich finden sich, wenn man sich die Listen der Parteien vor den Wahlen so ansieht, genug Menschen, die ins Parlament oder sonstige Volksvertretungen wollen. Zur Polizei, in die Schulen, in die Spitäler, zur Straßenreinigung und Müllabfuhr gibt es leider nicht so einen Andrang. Und das, obwohl diese Dienste für den Staatsurzweck (Frieden, Freiheit, Verhinderung des Kriegszustands jeder gegen jeden), mindestens genauso wichtig sind. Nicht nur Parlamentarier brauchen in ihren komfortablen Säulenhallen Immunität. Die Diener des Staates und Volkes auf der Straße, in den Kindergärten, in den Spitälern und in den Schulen brauchen sie in einer Gesellschaft, die zur Ellbogengesellschaft mutiert, noch umso mehr. Absicherung ihrer Menschenrechte, menschenwürdige anstatt menschenfeindliche Arbeitsbedingungen, Möglichkeiten des Umstiegs in ruhigere Bereiche nach etwa zehn Jahren Schwerarbeit, Immunität vor willkürlicher Anfeindung und Demoralisierung, eine den Gefahren und den Einbußen an der »Work-Life-Balance«, die so viele andere in ihren Komfortzonen genießen dürfen, angemessene Entlohnung, angemessene Pensionen. Für all das und noch mehr ist es im Sinne der Gerechtigkeit für diese Menschen allerhöchste Zeit, für den Staat und das Gemeinwesen aber wird es bald zu spät sein, wenn hier nicht bald etwas getan wird.

Nach dramatischen Ereignissen, wie etwa in der Terrornacht von Wien im November 2020, lassen sich nachher so manche Politiker, so manche Medienvertreter, so manche Zivilisten als Helden hochstilisieren. Doch es sind nicht die heroisierten *Eintagshelden*, die das Gemeinwesen ausmachen, sondern die *Alltagshelden* – in allen Bereichen. Und diese werden wegen ihrer Pflichterfüllung von zu vielen und viel zu oft verteufelt.

»Wenn das Volk einig sei und alles auf die eigene Sicherheit und Freiheit beziehe, so sei keine andere Verfassung beständiger, keine widerstandsfähiger.«

Marcus Tullius Cicero

Die Schicksalsfrage

Die sogenannte Migrationskrise ist übrigens nicht die eigentliche Krise. Die für die Betroffenen selbst, aber auch für das Gemeinwesen gefährliche, völlig unkontrollierte und scheinbar unkontrollierbare illegale Migration quer über Kontinente und das Mittelmeer, ist nur das Brennglas. Das Brennglas, das uns zeigt, wo und wie unser Gemeinwesen bei seinen Urfunktionen der Sicherheit und des Friedens bereits versagt. Und dennoch, oder gerade deshalb, ist Migration für Europa und seine Staaten eine Schicksalsfrage. Gelingt es, Migration im Ausgleich der Interessen der Bevölkerung, der demographischen Bedürfnisse des Gemeinwesens, der Zuziehenden, der Wirtschaft, der Herkunftsregionen zu gestalten, haben die Republik und der föderale Staatenverbund Europas noch eine Chance. Wenn Migration aber als Verursacher von Unsicherheitsgefühlen und Chaos wahrgenommen wird, wird es zu weiterer Polarisierung führen, ähnlich wie die Klassenfrage in der Zwischenkriegszeit oder die Sklavereifrage in den Vereinigten Staaten des 19. Jahrhunderts. Solange die Republik nicht wiederhergestellt ist und nicht jeder Bürger sich als *zoon politikon* versteht, der seinen Beitrag zum Gemeinwohl zu leisten hat, sind restriktivierende Sofortmaßnahmen im Bereich der Migration unausweichlich. Sofortmaßnahmen, die ungeordnete, chaotische, illegale Migration stoppen und somit die Herausbildung einer plebiszitären Führerdemokratie verhindern, die Sicherheit bloß verspricht, aber nicht im Sinn hat. Die Zulässigkeit von legalen Migrationsformen und Asyl wird von der Bereitschaft der Betroffenen abhängig zu machen sein, im Sinne des neuen Staatsbürgerbegriffs zum Gemeinwesen beizutragen. Dies ist das Gemeinwesen seinen Bürgern, die das Vertrauen in jenes nicht verlieren sollten, schuldig. Illegale Migrationsformen, die Menschen anziehen, die ohne Affektkontrolle auf ihren persönlichen Vorteil aus sind und das Gemeinwesen, die Republik und ihre Werte und Bürger verhöhnen oder ablehnen, werden einzudämmen sein, weil sie sonst eine Tyrannei und den Zusammenbruch des Gemeinwesens heraufbeschwören.

Was von den Staatsbürgern verlangt werden kann, nämlich ihren Beitrag zur Republik zu leisten, kann auch von jungen Menschen erwartet werden, die hier im Asylverfahren sind oder soeben Asyl erhalten haben. Jedenfalls soll jungen Menschen eine Tagesstruktur gegeben werden, die ihnen Perspektiven und Ordnung gibt und die dem Sicherheits- und Gerechtigkeitsbedürfnis aller Bürger in einer Republik gerecht wird.

Die Generationenfrage

Worum es im Leben wirklich geht, nicht um Macht (auch nicht um Mitwirkung als Selbstzweck), nicht um Status, sondern um die Gemeinschaft im Sinne des Guten, um die Entfaltung der eigenen Talente und nicht um immer noch mehr Privilegien, all das wird in Kinderfilmen wie *König der Löwen* oder *Kung Fu Panda* klar zum Ausdruck gebracht. In Zeichentrickfilmen zu George Orwells *Farm der Tiere* wird sogar kindgerecht veranschaulicht, wie schnell die Aura der Gleichheit in eine Aura der Macht umschlägt und wie sich unbemerkt die Tyrannei einschleicht. Aber das System unserer Gesellschaft ist nicht in der Lage, diese Philosophien so zu vermitteln, dass sie zu Prinzipien werden. Wie denn auch, wenn es ab einem gewissen Alter, ab einer gewissen Schulstufe nur mehr um Oberflächlichkeiten geht? Leider auch bei jenen, die es dem Anschein nach »gut meinen« und dabei mit irgendwelchen Enteignungs- und Abschaffungsszenarien viele abschrecken. Auch das ist bloßer Populismus, dessen Ziele, Machterhalt oder Machterlangung, rasch entlarvt sind. Also gibt es wieder nur Diskussionen um Etiketten und Oberflächlichkeiten. Einen echten, progressiven Systemwechsel wollen weder die sogenannten »Rechten« noch die »Linken«. Sie wollen nur den Machtwechsel. Und das strahlt leider auch auf die Jungen aus, die im viel zu zarten Alter nur deshalb in die (Partei-) Politik wollen, um an dieser Macht teilhaben zu können. Sie werden so zu Populisten geformt, denen es nur um die Gemeinschaft ihrer Partei, ihrer eigenen Gruppe geht. Auf die Gemeinschaft des ganzen Gemeinwesens und das Gemeinwohl sind sie nicht aus. Aber da können sie nichts dafür, denn sie haben nie vom wahren Republikanismus gehört. Nicht in der Schule, wo nur die Herrschaftsform »Demokratie« falsch verstandenerweise rauf und runter gepredigt wird und erst recht nicht in den Parteien, wo nur das von den anderen Parteien Abgrenzende stilisiert wird. Für progressive Überlegungen wahrer Veränderung im Sinne aller bleibt da nicht viel Raum.

Der zunehmende Narzissmus junger Menschen wird in der Psychotherapie auch als eine Folge der Idealisierung der Kinder und der Grenzenlosigkeit in ihrer Erziehung gesehen. Ohne Grenzen verlieren sich junge Menschen in Orientierungslosigkeit, Grenzen werden dann regelrecht gesucht. Struktur und klare Regeln würden Abhilfe schaffen, denn diese geben Sicherheit. Und mit mehr Selbstsicherheit würde es vielleicht bei den Nachwuchs-»Politikern« weniger Selbstdarstellung geben.

Viel Hoffnung scheint es also nicht zu geben, in einer Welt der absoluten Grenzenlosigkeit. Außer vielleicht die Hoffnung auf die Leisen in den jungen Generationen, die die bisherigen, als »demokratisch« verschleierten Indoktrinationen eines oligarchischen Systems erkennen, und notgedrungenerweise beginnen, gegen den Strom zu schwimmen, der in den Abgrund führt. Und die Hoffnung auf eine nächste Generation, die durch die unsichereren und schwierigeren Verhältnisse besser zugänglich für Tugendhaftigkeit und Freiheit im Sinne von Affektkontrolle sein wird und nicht nur eigene Privilegien und Egoismen bedienen möchte, weil sie erkannt hat, wo uns diese hingeführt haben. Eine Generation, die wieder stärker ist und unter Einsatz ihrer hochindividuellen Talente durch Arbeit und Leistung für das Gemeinwesen, und nicht nur durch Work-Life-Balance, für sich selbst bessere Zeiten ermöglichen wird.

»Vermeide die Phrasen und Schlagworte,
die jeder andere verwendet.«

Timothy Snyder

Von der Seniorität

Nicht nur über das eigene Schicksal, sondern auch über jenes, anderer Menschen und Gruppen zu entscheiden, erfordert eine gewisse Reife und somit auch den Faktor Zeit. Um an das Ufer der Gewissheit zu gelangen, muss zunächst der See der Ungewissheit überquert werden. Um mit der Höhe »Macht« verantwortungsvoll umgehen zu können, muss zunächst einmal das Tal der menschlichen Schicksal-Erfahrungen durchquert werden. Macht über andere ist in einer demokratischen Republik kein vom Himmel gefallenes Recht. Für Macht über andere muss man sich persönlich und charakterlich eignen. Diese Eignung festzustellen, funktioniert weder mit einem formalen Bildungsabschluss noch in einem Aufnahmetest, noch durch einen Parteibeitritt.

In Machtfragen keinen Unterschied zu machen, ob jemand Wissen und Erfahrung hat oder jemand sich nur auf seine private Meinung eines Unwissenden und Unerfahrenen beruft, ist diskriminierend – und verantwortungslos gegenüber dem Gemeinwesen. Das gilt für alle gesellschaftlichen Bereiche, wie auch für die Politik. Wirklich divers ist eine Gesellschaft, die nicht die einen wegen ihrer Jugend verherrlicht und deshalb die anderen wegen ihres

Alters verbannt, nur um der Jugend Chancen zu geben. Eine Jugend, die für ihre Chancen und Gestaltungsmöglichkeiten auf die Verdrängung von Älteren angewiesen ist, hat eigentlich – ohne es zu wissen – gar keine Chancen mehr, weil sie in einem falschen Selbstbild gefangen ist.

Tatsächlich sollten Alter und Lebenserfahrung in allen Bereichen einen viel höheren Stellenwert eingeräumt bekommen. Wie in den chinesischen Städten, sollte man in den Straßen und Parks wieder mehr den Älteren begegnen, die gemeinsam ihren Lebensabend in Tanz, Gymnastik und Glück sichtbar im öffentlichen Raum verbringen, während die jungen Menschen daran arbeiten, sich ebenfalls ihre Meriten zu verdienen. Indem sie, anstatt den ganzen Tag über bis in die Nacht die Straßen, Parks und Schanigärten in Massen zu bevölkern und ihr junges Leben zu genießen, ihre Energie für die Alten und Schwachen einsetzen, damit der Staat diesen Menschen wieder ein würdiges Dasein bieten kann. Das wäre doch mal ein humanistischer System- und Generationenwechsel!

Der Gesundheits- und Pflege-Staat

Die derzeitige, wartezeitbedingte Nullklassenmedizin für jene, die ihr Leben lang in die Systeme eingezahlt haben, bietet das große Potenzial für Populismus schlechthin. Und zwar zu Recht. Das Gemeinwesen, vor allem die Jungen und Starken darin, werden gut beraten sein, ein staatlich getragenes und organisiertes System auf die Beine zu stellen, in dem man alte und schwache Menschen nicht mehr warten lässt. Es braucht vielleicht so etwas wie ein staatliches Pflegemonopol, das den Menschen Sicherheit für ein Alter in Würde gibt und das diesen alten Menschen das wichtigste und letzte soziale Netz ist. Ein System, in dem jeder zu Pflegende, der das möchte, auch zu Hause gepflegt werden kann, ohne dass die Familie sich dafür komplett aufreiben oder in die Verschuldung stürzen muss. Unsere Demokratie wird sich am Ende nicht an noch so schönen Parolen oder noch so tollen Jugendquoten in den Parlamenten messen lassen müssen, sondern daran, ob es gelungen ist, dieses große Zukunftsthema unserer Zeit in einem humanistischen und menschenwürdigen Sinn bewerkstelligt zu haben. Wenn das nämlich nicht gelingt, dann sind es die Jungen von heute, die sich morgen selbst in menschenunwürdigen Bedingungen wiederfinden werden.

Freiheit statt Unterdrückung

Wenn es dann also der Staat direkt ist, der so wichtige Bereiche wie Polizei, Landesverteidigung, Bildung, Gesundheit und Pflege ermöglicht oder zumindest organisiert, dann brauchen die davon begünstigten Bürger die Sicherheit, dass diese Systeme auch in Zukunft noch funktionieren werden. Und diese Sicherheit haben die Bürger nur, wenn die anderen Bürger, die Bürger in Waffen, die Bürger im Klassenzimmer, die Bürger im Ärzte- oder Pflegekittel, auch Sicherheiten haben. Zum Beispiel die Sicherheit, in ihrer schweren Arbeit nicht von einer

Flut unüberschaubarer bürokratischer Erlässe ertränkt zu werden. Oder den Berufserfahrenen die Sicherheit zu geben, auch nach ihren Fähigkeiten und Kompetenzen eingesetzt zu werden und nicht in Bereichen zu landen, wo nur mehr im betriebswirtschaftlichen Sinn irgendwelche Basiskontingente erfüllt werden müssen.

Die (Partei-)Politik lässt sich immer neue Späße einfallen, um das Volk bei Laune zu halten. Zum Beispiel wird der transparente Staat propagiert. Klar, der Staat, die Beamten sollen transparent sein, damit sich niemand auf die Machenschaften der Parteieliten konzentriert. Doch dieses Ablenkungsmanöver könnte auch dem Volk eines Tages teuer zu stehen kommen. Denn heute sind es die gläsernen Staatsdiener, die so von den regierenden Eliten besser kontrolliert werden können. Morgen sind es vielleicht die gläsernen Bürger, die besser kontrolliert werden können.

Die Entkriminalisierung des Staats

Wenn die Menschen in diesen wichtigen Bereich wirklich nur noch mit der Angst vor gestrengem (ideologischen und auf bürokratische Erbsenzählerei abstellendem) Regelwerk geführt werden können, dann ist das System bereits kaputt. Die ethischen und moralischen Grundsätze müssen in diesen schwierigen Bereichen genügen. Alles andere ist Selbstzweck der (politischen) Machthaber, um ihre Hände in Unschuld waschen zu können und Verantwortungen abzuwälzen. Denn wer Beamte permanent unter kriminellen Generalverdacht und totale Überwachung stellen will, schließt offenbar von seinen eigenen kriminellen Gedanken auf andere. Aber der solcherart ausgeübte Druck und erzeugte Zwang, der psychisch viel stärker ausbrennt als die Schwerarbeit an sich, macht die freien Bürger zu Arbeitssklaven. Gewiss braucht es Regeln und Vorschriften. Aber diese dürfen nicht demoralisieren und die Arbeit zu einem permanenten Minenfeld machen. Weil sonst könnte es passieren, vor allem bei einer neuen Generation, die so sehr auf ihre persönlichen Balancen bedacht ist, dass in Massen das Phänomen und der Spruch des letzten sächsischen Königs zu Tage tritt: »Macht euch den Dreck doch alleene!«

Hier sind also nicht nur die (politischen) Machthaber gefordert, sondern auch Parlamentarier, Kontrollinstanzen von des Parlaments Gnaden, aber auch Wissenschaft, Medien, Nichtregierungsorganisationen und die Gesellschaft als Ganzes. Leichter wäre eine Empathie für die Schwerarbeit in diesen Bereichen und für die dort eingesetzten Bürger freilich dann, wenn man selbst schon einmal in einem Paar Mokassins der Betroffenen gegangen ist – oder im Republiksjahr gehen musste.

»Institutionen schützen sich nicht selbst. Sie stürzen eine nach der anderen, wenn nicht jede von ihnen von Anfang an verteidigt wird.«

Timothy Snyder

Staat statt Betriebswirtschaft – die Entbürokratisierung

Aber nicht nur staatliche Bereiche sollten sich von der betriebswirtschaftlich motivierten Verrechtlichung und Bürokratie ab- und den philosophischen Grundideen des Staates zuwenden. Auch in nichtstaatlichen Bereichen sollte eine weitere Verrechtlichung vermieden werden, so schwer das in einer hochkomplexen, hoch komplizierten, hoch technisierten Welt auch sein mag. Aber wenn jeder in seiner Arbeit neben der Leidenschaft für das, was er kann und das, was er gerne macht, auch »Controller«, Bürokraten und peniblen Dokumentator spielen muss, dann könnte es passieren, dass die Leidenschaft für die eigentliche Kernaufgabe, die mehr und mehr zu kurz kommt, einmal gänzlich erlischt. So sollte der Staat auch Staat bleiben und zu sich selbst zurückkehren dürfen. Mit einem rein betriebswirtschaftlichen, anstatt einem philosophischen Leitbild, ist nun mal kein Staat zu machen – das gilt, seit es Gemeinwesen gibt. Und die Privatwirtschaft und das Klein- und Mittelunternehmertum sollten dafür etwas mehr von staatlicher Bürokratie und Verrechtlichung verschont werden, umso mehr, wenn der Staat immer mehr und mehr genötigt ist, parteipolitischen Interessen hörig zu sein.

Die neue Politisierung

Das Gemeinwesen gehört wieder politisiert, und zwar im ursprünglichen Sinn des Begriffs. Jeder soll sich als Teil der staatlichen Gemeinschaft fühlen und auch mit den öffentlichen Interessen identifizieren. Nicht aus *etatistischen* oder *nationalistischen* Motiven, sondern zum Wohl der *Republik*, die ansonsten gar keine (mehr) ist. Nicht mehr Parteien und ihre Günstlinge sollen den Staat dominieren. Sondern Menschen, die der Republik, dem Staat in welcher Form auch immer gedient haben, sollen die Politik dominieren. Ohne ihre Erfahrung, ohne ihre Beiträge, droht der Staat von einer kleinen Gruppe machtbesessener Apparatschiks in den Würgegriff genommen zu werden. Wenn den Parteien dieses Umdenken rechtzeitig gelingt, haben sie vielleicht noch eine Chance. Ansonsten sind ihre Tage bereits gezählt und sie selbst gewogen und als zu leicht befunden.

Die Solidarisierung der Politik und Wissenschaft mit dem Staat

Nicht die Menschen müssen sich mit der (Partei-)Politik und der Wissenschaft solidarisieren, sondern umgekehrt. Die Parteien und die Wissenschaft, die von bereits zu vielen in der Bevölkerung als Dogmen ausgebende Machtagenturen wahrgenommen werden, müssen sich wieder mit den Menschen und nicht nur mit ihren eigenen Mitgliedern oder Absolventen solidarisieren. Junge Menschen sollen nicht nur mit den Universitäten solidarisiert werden, mit der elitären Wissenschaft, die streng hierarchisch durchorganisiert ist. Junge Menschen sollen sich mit dem gesamten Gemeinwesen solidarisieren, mit der Polizei, mit dem Gesundheits- und Pflegesystem, mit der Landesverteidigung und dem ganzen Rest. Sie werden all diese Systeme noch brauchen.

Negotium statt Otium

Nicht falsch verstandene, schrankenlose Freiheiten, nicht Privilegien, nicht Müßiggang, nicht permanente Partystimmung, nicht politische Mitwirkung – also Macht –, nicht permanente Selbstinszenierung in sozialen Medien, nicht Stand und auch nicht all die importierten Adelstitel der Moderne, wie Bachelor oder Master, bringen das wahre Seelenglück. Sondern nur die Entfaltung der eigenen Talente, Interessen und Leidenschaften, wenn diese in einem konstruktiven und positiven Sinn für die Gemeinschaft eingesetzt werden. Für die ganze Gemeinschaft, das sind das Gemeinwesen, der Staat, und nicht bloß die Interessen einer Clique, einer Sekte oder einer Partei. Der Staat muss Mut und Tatkraft viel stärker würdigen. Eine unbürokratische Steuerentlastung, gestaffelt pro fünf Jahre Brennpunktpraxis, wäre eine erste Möglichkeit, pflichtgemäßes Handeln zum Wohle der Allgemeinheit zu schätzen und zu fördern. Denn Applaus aus dem Homeoffice heraus und schöne Worte von Politikern reichen nicht, den Einsatz für die Republik attraktiv zu machen.

Der neue Staat

Der neue Staat würde daher, zusammengefasst, folgendermaßen aussehen: Das Dach des Hauses ist das friedliche Miteinander, die kooperative Gemeinschaft, wo jeder seinen individuellen Fähigkeiten und Bedürfnissen nachgehen kann, ohne andere darin einzuschränken.

Dieses Dach braucht tragende Säulen:

1. den Rechtsstaat, damit die Freiheiten durchgesetzt werden können, Regelbruch gegen die Freiheiten der anderen auch Konsequenzen hat und Sicherheit und Ordnung herrschen;

2. die Demokratie, damit die Ausgestaltung des Rechtsstaats nicht der Willkür eines Einzelnen folgt;

3. die echte Gewaltenteilung, damit auch die demokratisch legitimierten Vertreter nicht nach Belieben schalten und walten oder in Geißelung anderer ausarten können;

4. den Föderalismus als vertikale Gewaltenteilung, damit größere nicht über kleinere Einheiten drüberfahren.

Diese Säulen sind nur tragend, wenn sie auf einem soliden und stabilen Fundament stehen. Das ist der Staat, das Gemeinwesen, die *Politeia*, die *Republik*. Sie ist es, die eine werteorientierte Bildung für die Jungen und die Erwachsenen anbietet, die Sicherheit und Gesundheit gewährleistet und den Schwachen hilft, die nicht selbst dazu in der Lage sind. Und auch solange sie dazu nicht in der Lage sind. Diese Republik sind *alle*, sie gehört allen und daher identifizieren sich alle mit ihr. Aus Rechtsstaatsräson, aus Demokratieräson, aus Gewaltenteilungsräson und aus Gemeinschafts- sowie Friedensräson.

>*Denn was sonst ist der Staat als die Rechtsgemeinschaft seiner Bürger?*«

Marcus Tullius Cicero

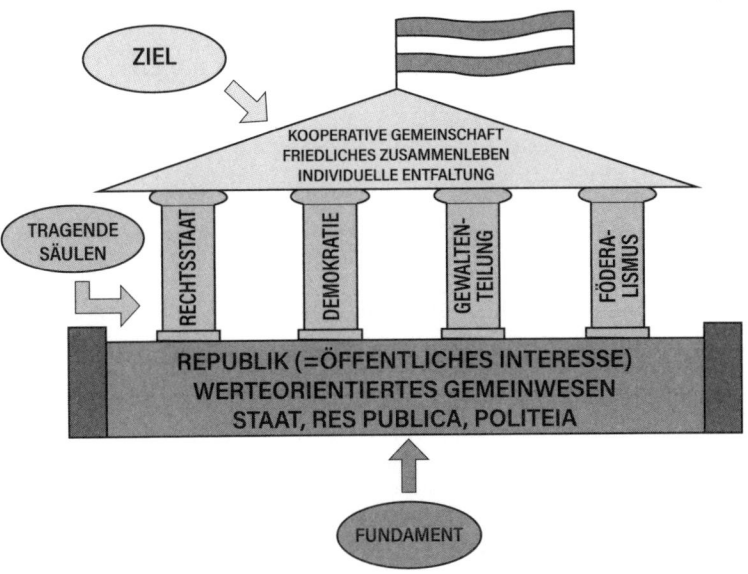

Der neue Sicherheitsverein

Es gab *vor* der Europäischen Union viele »Friedensprojekte«. Alexanders makedonisches Imperium, die römische

Kaiser-Autokratie Octavians, der die »Pax Romana« begründete, das Heilige Römische Reich (deutscher Nation), der Deutsche Bund. Und sogar Bismarcks Norddeutscher Bund war ein Schutz- und Trutzbündnis, das ins Deutsche Reich mündete. Alle diese »Friedensprojekte«, all diese Imperien gingen unter, als oder weil die Herrschaft der Mächtigen und ihr Machterhalt, ja die ganze Herrschaftsform zum Selbstzweck verkamen. Ihr Ende schuf aber jedes Mal auch etwas Neues, das die Chance erhielt, wieder beim Fremdzweck von Herrschaft anzusetzen: der Sicherheit und dem Wohl der eigenen Bürger. Vielleicht schafft es die Europäische Union, dass sie nicht von immer mehr Bürgern als Bürokratie-Goliath wahrgenommen wird, dem es nur um den Erhalt und die Machtmehrung in den eigenen Glaspalästen geht. Vielleicht schafft sie es, die großen Fragen der Zeit im Sinne des Sicherheitsbedürfnisses ihrer Bürger anzugehen und zu lösen. Vielleicht schafft Europa, nach über 500 Jahren europäischer und dann angloamerikanischer Weltmacht, noch einmal einen goldenen Nachmittag. Vielleicht schafft die Europäische Union all dies aber auch nicht. Ihre Chancen wären gewiss größer, wenn sie nicht um Macht kämpfte, sondern sich ihrer eigenen Grundidee und der Grundidee des Gemeinwesens an sich rückbesinnen würde: der Sicherheit der Bürger. Moralische Selbstüberhöhung der eigenen Herrschaftsform und demokratische Weltrettungsmissionen, werden als Narrativ für ein Fortbestehen des Staatenverbundes im Sinne seiner Bürger sicher nicht ausreichen.

Appell an den Himmel

Egal wie die nächsten, und wahrscheinlich auch noch die übernächsten Wahlen in Europa, Österreich, Deutschland, Frankreich, Schweden und anderen Ländern ausgehen, sie werden vielleicht einen Machtwechsel herbeiführen. Aber keinen Systemwechsel. Dieser wird schleichend voranschreiten, je nachdem, wie sich die Machthaber in den Parlamenten, in den Regierungen, gegenüber den Problemen und Bedürfnissen »ihrer« Bürger verhalten. Das System wird sich also nicht aufgrund der Wahlen verändern, sondern aufgrund des weiteren Umgangs der Mächtigen mit ihrer Macht. Gemäß John Locke beruht die Macht der Herrscher auf dem Vertrag, den die Beherrschten im Vertrauen auf die Machthaber geschlossen haben. Wenn sich diese in Legislative oder Exekutive an der Macht vergreifen, gibt es auf Erden kein zuständiges Gericht, an das sich die Bevölkerung wenden kann. Es bleibt ihr nur der Appell an den Himmel und Locke meint damit die Rebellion. Wie würde in einem solchen Fall eine Rebellion aussehen können? Im besten Fall wird der Protest (»nur«) in den Wahlkabinen postuliert. Aber, ob das den für die Republik besten Ausgang bringen wird, ist ungewiss.

> *»Wenn das Volk aber der Dauer seiner Legislative Grenzen gesetzt hat und diese höchste Gewalt in einer Person oder Versammlung nur auf Zeit geschaffen hat oder wenn diese Gewalt aufgrund von Übergriffen derer,*

die im Besitz der Autorität sind, verwirkt ist, so fällt sie
mit der Verwirkung durch die Regierenden oder nach
Ablauf der festgesetzten Zeit an die Gesellschaft zurück,
und das Volk hat ein Recht, als höchste Gewalt zu handeln
und die Legislative von nun an selbst auszuüben; oder
aber eine neue Form der Regierung zu errichten,
beziehungsweise die Regierung unter der alten Form
in neue Hände zu legen, wie es ihm gut scheint.«

John Locke

Glossar

Alter

im Sinne dieses Buches ist eine Lebensphase, in der man aufgrund des Faktors Zeit eine größere Chance hat, über entsprechende Erfahrung zu verfügen und dadurch empathischer und weniger auf Äußerlichkeiten, Selbstinszenierung bedacht zu sein. Die Alten oder Erfahrenen im Sinne dieses Buches sind daher Menschen, die (noch) nicht in einer Welt der Grenzenlosigkeit sozialisiert wurden und daher weniger anfällig für selbstsüchtige Züge sind oder sein sollten.

Akkulturation

Gewissermaßen das Gegenteil von Migration. Nicht die Menschen wandern grenzüberschreitend, sondern die Grenzen »wandern« und »holen« bisher fremde Kulturen »ein«. Der rasch expandierende römische Stadtstaat und später das sich ausdehnende Römische Reich vergrößerten ihre Bevölkerung eher durch Akkulturation eroberter Völker denn durch Migration von außen. Die Völkerwanderung der Spätantike änderte dies abrupt.

Anarchie

In einer Anarchie gibt es keinen funktionsfähigen Staat, keine effektiven Staatsgewalten. Staatliche Ordnung und friedliches Zusammenleben sind von Chaos und der Tyrannei der Vielen abgelöst. Die Ideologie des Anarchismus ging davon, dass in einer Gesellschaft ein friedliches Zusammenleben auch ohne Hierarchien möglich sei.

Aristokratie
Begriff aus dem antiken Griechenland (aristos=edel, vornehm; ; cratos=Herrschaft). Kleiner Herrscherkreis, zum Beispiel adeliger Familien. Philosophen der Antike forderten zudem den Faktor der Tugendhaftigkeit beziehungsweise der Edelmütigkeit und eine Regierung, die dem Gemeinwohl verpflichtet ist.

Autokratie
Wörtlich Selbstherrschaft. Allgemein versteht man darunter eine Alleinherrschaft einer einzigen Person, auch wenn ihr ein Scheinparlament eine Scheinlegitimation oder einfach nur eine Bühne zur Selbstdarstellung verschaffen soll.

autoritär
In einem autoritären System gibt es keine freien Wahlen, nur mehr eingeschränkte Rechte und Freiheiten, keinen Rechtsstaat, keine Gewaltenteilung. Aber es gibt (noch) keine absolute Ideologie, der sich alle unterzuordnen haben. Anders als im totalitären System gibt es auch noch keine totale Durchdringung des Privat- und Familienlebens durch die Machthaber, zum Beispiel durch die herrschende Partei. Die Übergänge zum Totalitarismus können aber unbemerkt, fließend und rasch kippend sein.

Beamte

im Sinne dieses Buches sind Menschen, die keinen direkten beziehungsweise nennenswerten (partei-) politischen Einfluss haben, sondern dem Gemeinwesen unmittelbar dienen, egal ob bei der Polizei, beim Militär, in Spitälern, Arztpraxen, Pflegeheimen, Kindergärten, Schulen, in den Supermärkten, in der Gastronomie oder in anderen Bereichen, die man sich für ein geordnetes und friedliches Miteinander oder im Alltag nicht wegdenken kann.

Demokratie

Begriff aus dem antiken Griechenland, der heute eine Herrschaftsform umschreibt, in der die Bevölkerung der Souverän ist. In der modernen Massendemokratie wird die Macht für ein paar Jahre gewählten Volksvertretern übertragen.

Doge

Bezeichnung des von einem Adelsgremium gewählten Anführer der Republik Venedig im Mittelalter und in der Neuzeit. Die Bezeichnung leitete sich vom lateinischen dux (=Fürst, Führer) ab.

Dystopie

Das Gegenteil einer Utopie. Eine Dystopie ist eine irreal beziehungsweise surreal anmutende Horrorvorstellung, zum Beispiel von einer Gesellschaft, in der Werte völlig auf dem Kopf stehen, indem etwa die »Kleinen« mit drakonischen Strafen und Eingriffen drangsaliert werden,

während die Mächtigen schalten, walten und ihre Macht
missbrauchen können, wie es ihnen passt.

egalitär / elitär

In einem egalitären System gelten alle Menschen als
gleich. Eine elitäre Gesellschaft hingegen ist stark geschichtet und es zählen nur die, die oben sind. Die Lenin-
und Stalin-Diktaturen haben gezeigt, wie sehr (angeblicher
beziehungsweise ideologisch propagierter) Egalitarismus
zu einer kleinen Partei-Elite führt, die alle (gleichgeschal-
teten) Massen kontrolliert. Die faschistischen Kriegs-Dik-
taturen hingegen haben gezeigt, wie sehr der Elitarismus
bestimmter Gesellschaftsgruppen in die totale Gleichschaltung fast aller Gesellschaftsschichten mündete.

Etatismus

Hier steht der Staat (frz: État) im Vordergrund, allerdings
nicht wie bei der Republik im Gemeinwohlsinn, also dass
der Staat die Gesamtheit der Bürgerschaft darstellt. Sondern in der Form, dass der Staat von einer kleinen Herr-
schaftsschicht als Machtinstrument missbraucht werden
kann und zu diesem Zweck bis hin zum Überwachungs-
staat aufgerüstet wird.

Eunomie

Wörtlich: die gute Ordnung. Hierbei handelt es sich um
einen Grundsatz der Stadtstaaten im antiken Griechenland. Besonders der Athener Staatsmann Solon erachtete
sie für das Funktionieren der Gemeinschaft als unver-

zichtbar. Fokus auf das Gemeinwohl und Identifizierung mit dem (Stadt-)Staat waren für ihn dafür unverzichtbar.

Euphemismus

Euphemistische Begriffe wollen etwas besser oder schöner darstellen als es tatsächlich ist. Sie dienen also der Verschleierung der Realität. Man könnte auch sagen: »mit sanften Formulierungen harte Politik machen«

Gelbe Gewerkschaften

Scheingewerkschaften, die nicht den Arbeitnehmerinteressen dienen, sondern den Interessen des Arbeitgebers beziehungsweise im Sinne des Machterhalts des Regimes tatsächliche Gewerkschaften unterwandern. Unter dem Begriff werden heute Scheingewerkschaften der Zwischenkriegszeit verstanden, die den faschistischen Systemen den Weg ebneten, indem die Arbeiter unter Kontrolle, die Kritiker identifiziert und die Masse mit Brot, Spielen und Reisen bei Laune gehalten wurden.

Janusköpfigkeit

Doppeldeutigkeit, Doppelgesichtigkeit, Doppelzüngigkeit. Ein System, das sich jeweils mit einem anderen Gesicht zeigt. Ein und derselbe Parteipolitiker hat vor den Wahlen gegenüber den Massen ein ganz anderes Gesicht als nach den Wahlen gegenüber seinen untergebenen Beamten, wenn aus dem Gesicht und der Aura der Demokratie das Gesicht und die Aura der Macht wurde.

Jugend

im Sinne dieses Buches ist eine Lebensphase, in der man aufgrund des Faktors Zeit über weniger entsprechende (Lebens-)Erfahrung verfügt und dadurch anfälliger für Empathielosigkeit, Affekte, Äußerlichkeiten, Selbstinszenierung sein kann. Dem Lebensalter nach junge Menschen, die schon früh durch die schwere Schule des Lebens gehen, sind je nach Anlage ihrerseits weniger anfällig für die genannten Untugenden und daher auch besser in der Erkenntnis der notwendigen Balance von Rechten und Pflichten.

Legalismus

Nach heutigem Verständnis das strikte Unterwerfen unter Vorschriften, egal ob diese sinnvoll, ethisch oder moralisch sind. Im antiken China war der Legalismus die Gegenbewegung zum Konfuzianismus. Anstatt der Weisheit, Vorbildwirkung und Tugendhaftigkeit des Herrschers sollten strenge Vorschriften und ein Belohnungssystem für die Willigen enorme militärische und wirtschaftliche Kraftanstrengungen ermöglichen.

Marxismus

Ideologie aus dem 19. Jahrhundert. Ihr Erfinder Karl Marx ging davon aus, dass eine proletarische Revolution zur Verstaatlichung der in kapitalistischem Besitz befindlichen Produktionsmittel führen würde. Die Diktatur des Proletariats wäre die Übergangslösung, die Vorstufe zum Kommunismus. In diesem würde sich die klassenlose Gesellschaft verwirklichen und der Staat hinfällig und absterben. Die Realität sah anders aus, der verwirklichte Marxismus mündete in totalitäre Diktatur.

Menetekel

Ein Unheil verkündendes Zeichen. Die Herkunft bezieht sich auf eine ausschweifende Herrscherschicht, die die Zeichen der Zeit und die Stimmung in der Bevölkerung nicht erkennen wollte.

Monarchie

Im juristischen Sinn eine Staatsform, dessen Staatsoberhaupt typischerweise durch Erbfolge an die Macht kommt, politisch und rechtlich nicht verantwortlich gemacht werden kann und dessen Amtszeit unbegrenzt ist. In einem weiteren Sinn steht ein monarchischer Staat im Alleineigentum des Herrschers oder seiner Dynastie, weshalb sich die Bürger mit dem Staat nicht identifizieren. Mit Glorifizierung, Jugend- und Unsterblichkeitskulten sowie Spaltung der Bevölkerung versuchen sich die Eliten an der Macht zu halten.

Nation

Die Nation ist eine in einem sozialen und kooperativen Gefüge zusammengeschlossene Gruppe von Menschen. In Europa war die Französische Revolution von 1789 die Wiedergeburt des Verständnisses von Nation. Ohne die Nation wäre der Feudalstaat nicht abgelöst worden. Ohne die Idee der Nation keine Menschenrechte, keine Demokratie, kein Rechtsstaat, kein Sozialstaat.

Nationalismus

Die Französische Revolution war aber auch die Geburtsstunde des Nationalismus. Die unerhörte gemeinsame Kraftanstrengung freier Bürger, deren Zusammenschluss sich als Nation verstand, war für das eigene nationale Interesse zu allem bereit, auch zu Gewalt – gegen andere und gegen die Eigenen. Der Nationalismus führte einerseits zu Unabhängigkeit und Freiheit kleinerer Völker, andererseits aber auch zu autoritären und totalitären Partei-Regimen, in der Parteieliten die Idee der Nation missbrauchten, um die Massen zu mobilisieren.

Oligarchie

Begriff aus dem antiken Griechenland (oligoi=wenige; ; arche=Herrschaft). Kleiner elitärer Herrscherkreis, wobei der Regierungszweck nicht das Gemeinwohl, sondern der eigene Macht- und Privilegienerhalt ist. Nicht zu verwechseln mit der Plutokratie, der Herrschaft der Reichen.

Parlament

Abgeleitet vom mittellateinischen »parlior« beziehungsweise französischen »parler« (beides »sprechen«) waren Parlamente zunächst, ab dem Mittelalter, den König beratende Versammlungen. In der alten französischen Monarchie waren »parlemente« rechtsprechende Gerichtsinstitutionen des Königs. In modernen Demokratien stellen Parlamente die Volksvertretung dar, die als gesetzgebende Kraft Gesetze diskutieren und beschließen kann. Jean-Jacques Rousseau, Karl Marx und Carl Schmitt lehnten aus jeweils verschiedenen ideologischen Motiven den Parlamentarismus ab.

Plebiszitäre Führerdemokratie

Der deutsche Soziologe Max Weber war der Auffassung, dass sich verfestigte, verkrustete, bürokratische Systeme mitunter nur durch die revolutionäre Macht des Charismas aufbrechen lassen würden. Die charismatische Herrschaft setzt auf persönliche Heldenverehrung anstatt auf Traditionen oder Vernunft. Zu Beginn ist sie von der Zustimmung der Vielen getragen, da wohnt ihr ein Zauber inne, sodass Weber sie auch »plebiszitäre Führerdemokratie« nennt. In einer solchen kann der durch Volksentscheid (Plebiszit) erwählte Führer als »Erlöser« dank seiner Aura tun und lassen, was er will.

Politik

Vom griechischen Begriff Polis (=Stadt, Stadtstaat) abgeleitet. Politik ist daher kein Selbstzweck zur eigenen Machtentfaltung oder zur individuellen Mitsprache beziehungsweise Mitbestimmung, sondern hat dem Gemeinwesen, dem Staat zu dienen und daher das Gemeinwohl aller, und nicht nur das Wohl seiner eigenen Partei-Klientel im Fokus zu haben.

Populismus

In einem populistischen System entscheiden Menschen nicht über ihr eigenes Schicksal, sondern über das anderer und werden dadurch bei Laune gehalten, fühlen sich dadurch mächtig. Die Massenbelustigung durch Gladiatorenspiele, in der das Volk durch »Daumen rauf« oder »Daumen runter« erhaben und sich moralisch selbsterhöhend über das Schicksal von Menschen im Todeskampf in der Arena abstimmen durfte, sollte von der tyrannischen Kaiserdiktatur und der Herrschaft einer kleinen Schicht ablenken.

Radikalparlamentarismus

Ein politisches System, in dem alle Macht nicht vom Volk, sondern von einer kleinen Parlamentselite ausgeht. Es herrscht keine Gewaltenteilung, sondern Gewaltenhierarchie. Das ganze System ist vom Parlament abhängig. Das Parlament kontrolliert und drangsaliert den Staat, die Verwaltung und über Parteinetzwerke letztlich auch die Justiz.

Rechtsstaat

Ein funktionierender Rechtsstaat folgt der Gerechtigkeit und dem gerechten Gesetz, nicht der Macht. Rechtsschutzeinrichtungen und Entscheidungen von wirklich unabhängigen Gerichten sollen die Bürger vor dem Machtmissbrauch und Partikularinteressen der Herrschenden schützen. Hausdurchsuchungen sind in einem funktionierenden Rechtsstaat nur möglich, wenn unabhängige Richter diese bewilligen, da Staatsanwälte in einem Weisungsverhältnis zu parteipolitischen Machthabern stehen.

Republik

Im juristischen Sinn eine Staatsform, die das Gegenteil der Monarchie darstellt. Und auch im weiteren Sinn ist die Republik das Gegenteil der Monarchie. Das Gemeinwohl aller steht im Vordergrund, das Einzelwohl und die Privilegien kleiner Gruppen werden nicht hochstilisiert. Die breite Bürgerschaft identifiziert sich mit dem Staat, da dieser in ihrem Gesamteigentum liegt.

Staat

Zusammenschluss von Menschen in einem sozialen und politischen Gemeinwesen, ursprünglich zum Zweck der Sicherheit und zum Schutz vor dem Recht der Stärkeren und dem dadurch herbeigeführten Zustand des Chaos. Die Geschichte ist voll von Machthabern, Tyrannen, Parteien, die die Institutionen des Staats, des Gemeinwesens, für ihre eigenen Interessen und ihren Machterhalt missbrauchen. Es sind dies alles Fälle, in dem die inneren Feinde des Staats zunächst schleichend und unbemerkt den Staat übernehmen.

Stratokratie

Von »stratos« (griechisch: Schicht) abgeleitet, meint es eine stark geschichtete Gesellschaft, ähnlich einem Kastensystem.

Weimarisierung

Begriff der für vergleichbare Entwicklungen wie in der Weimarer Republik, also in der Zwischenkriegszeit Deutschlands steht. In der Weimarer Republik konnte eine kleine Splittergruppe aufgrund von wirtschaftlichen und politischen Krisen sowie dem wachsenden Misstrauen gegenüber dem Parteiensystem innerhalb weniger Jahre zur den Parlamentarismus in Ohnmacht versetzenden Parlamentsmehrheit aufsteigen. Die Demokratie, die gar keine Demokratie mehr war (Präsidialkabinette Hindenburgs), schaffte sich am Ende selbst ab.

Timokratie

Herrschaft der Angesehenen und Vermögenden. Es ist ein System, in dem nur diesen Eliten gefolgt wird. Wer angesehen ist, ergibt sich aus den jeweiligen Machtverhältnissen und dem Zeitgeist. Früher einmal waren es die hohen Repräsentanten der Kirche, heute sind es zum Beispiel die Politprominenz, Wissenschaftsprominenz oder die aktivistische Jugendprominenz. Der jeweilige Mittel- und Unterbau von Wissenschaft oder Politik hat nur Aufstiegschancen, wenn er sich dem System der Angesehenen auch anpasst.

totalitär/Totalitarismus

Herrschaftssystem, das alle Lebensbereiche bis hinein in das Privat- und Familienleben total durchdringt. Gekennzeichnet von Gleichschaltung der Gesellschaft, Mobilisierung der Massen durch starke Ideologisierung, Indoktrination, Propaganda, Führerkult und Ausschaltung jeglicher Opposition. Hitler-Deutschland sowie Lenins und Stalins Sowjetunion sind berühmte Beispiele für totalitäre Systeme.

Tyrannis

Der Tyrann ist ein Alleinherrscher, der ausschließlich auf sein Eigenwohl des Machterhalts bedacht ist. Zu diesem Zweck tritt er skrupellos, mafiös und diabolisch die Rechte der Untertanen mit Füßen. Sehr lesenswert ist Timothy Snyders *Über Tyrannei* mit seinen zwanzig Lektionen zur Verhinderung der Entstehung beziehungsweise Ausdehnung der Tyrannei.

Utopie

Das Gegenteil der Dystopie. Es handelt um eine Traumwelt, eine ideale Welt, in der es zum Beispiel keine Ungerechtigkeit gibt. Viele Diktatoren haben unter Berufung darauf, eine perfekte Welt schaffen zu wollen, brutal und vernichtend alles und jeden ihrem Traum untergeordnet.

Zivilisation

Urheber dieses Begriffs sind die antiken Römer. Abgeleitet vom lat. »cives« (Bürger) soll eine Zivilisation also ein technologisch, kulturell, strukturell und/oder auch moralisch-ethisch hochentwickeltes System sein, das von seinen Bürgern auch getragen wird. Wer oder was zivilisiert ist, legt in der Geschichte oft der Faktor Macht für die Gegenwart und Nachwelt fest.

zoon politikon

Gemäß Aristoteles ist der Mensch ein politisches Wesen
(=*zoon politikon*) und kann sich daher auch nur im Zusammenleben in der staatlichen Gemeinschaft entfalten.

Weiterführende Literatur und Materialien

Aristoteles, Politik, (Reclam) Stuttgart 2010

Augustinus, Der Gottesstaat, (Johannes Verlag) Freiburg 6. Auflage 2021

Baruch de Spinoza, Ethik, (http://www.zeno.org/Philosophie/M/ Spinoza,+Baruch+de/Ethik)

BBC, Die Welt der Antike (6 Teile), 2010

Cicero, De officiis/Vom pflichtgemäßen Handeln, (Reclam) Stuttgart 2019

Cicero, De re publica/Vom Staat, (Reclam) Stuttgart 2020

Daniel Hedinger, Die Achse. Berlin–Rom–Tokio, München 2021

Hans-Horst Skupy (Hrsg.), Das große Handbuch der Zitate, München 2017

Jean-Jacques Rousseau, Vom Gesellschaftsvertrag, (Reclam) Stuttgart 2011

John Locke, Über die Regierung, (Reclam) Stuttgart 2017

Karl-Heinz Ziegler, Völkerrechtsgeschichte, 2. Auflage, München 2007

NDR, Wir Deutschen (13 Teile), 1991

Niccolo Machiavelli, Discorsi. Staat und Politik, (Hrsg. Horst Günther, Insel Verlag) Main/Leipzig 2021

Platon, Politeia/Der Staat, (Reclam) Stuttgart 2015

Rachel Hammersley, Republicanism. An Introduction, Cambridge 2020

Reich von Akkad: Dürre ließ ersten Flächenstaat untergehen - DER SPIEGEL

Timothy Snyder, *Über Tyrannei. Zwanzig Lektionen für den Widerstand*, München 2021

Wilhelm Hofmann/Nicolai Dose/Dieter Wolf, *Politikwissenschaft*, 3. Auflage, Konstanz/München 2015

https://www.britannica.com/topic/Code-of-Hammurabi

https://www.oeaw.ac.at/oeai/forschung/praehistorie-wana-archaeologie/einzelforschungen/the-hyksos-enigma#:~:text=Die%20Hyksos%20(griechische%20Transkription%20oder,beherrschten.

http://archiv.ub.uni-heidelberg.de/propylaeumdok/3448/1/Budka_Die_Kultur_der_Hyksos_2003.pdf

https://www.derstandard.at/story/2000118744469/wie-aegypten-an-die-hyksos-fiel

https://www.archaeologie-online.de/nachrichten/was-der-aelteste-friedensvertrag-der-welt-uns-lehrt-3893/

https://www.spektrum.de/news/aegypter-und-hethiter-der-erste-friedensvertrag-der-welt/2018671

https://www.welt.de/geschichte/article145334945/Vom-Systemkollaps-zur-epochalen-Katastrophe.html

https://www.welt.de/geschichte/kopf-des-tages/article239939269/Nebukadnezar-von-Babylon-Ohne-Erbarmen-bereitete-er-Judas-Untergang.html

https://www.uibk.ac.at/zivilrecht/team/barta/vortrag_bremen.pdf

http://lakedaimon.de/die-spartanische-gesellschaft/die-gesellschaftliche-schichtung/heloten/

https://www.spiegel.de/wissenschaft/mensch/antikes-griechenland-sparta-ein-leben-fuer-den-krieg-a-310785.html

https://www.navigator-allgemeinwissen.de/griechisches-reich/personen/peisistratos.html

https://www.britannica.com/biography/Peisistratus

https://www.britannica.com/biography/Tarquin-king-of-Rome-534-509-BC

https://www.britannica.com/place/ancient-Rome/
The-reform-movement-of-the-Gracchi-133-121-bc

https://www.welt.de/geschichte/article239102753/Sulla-Wer-auf-diesen-Listen-
stand-hatte-nicht-mehr-lange-zu-leben.html

https://www.welt.de/geschichte/kopf-des-tages/article237577143/Commodus-Er-
schnitt-ihnen-die-Nase-ein-Ohr-oder-sonst-etwas-ab.html

https://www.welt.de/geschichte/kopf-des-tages/article240899673/Belagerung-Jeru-
salems-Blut-floss-von-den-Stufen-des-Tempels-herab.html

https://www.faz.net/aktuell/politik/staat-und-recht/untergang-des-roemischen-
reichs-das-ende-der-alten-ordnung-14024912.html

https://www.spiegel.de/wissenschaft/mensch/voelkerwanderung-sturm-der-barba-
ren-a-561055.html

https://www.wissenschaft.de/geschichte-archaeologie/
spaetantike-kleine-eiszeit-vor-rund-1500-jahren/

https://www.spektrum.de/news/drei-vulkane-beendeten-die-antike/1398776

https://www.faz.net/aktuell/wissen/erde-klima/im-spaetmittelalter-gab-es-eine-ext-
rem-kalte-dekade-14602282.html

https://www.welt.de/geschichte/article149168932/Der-Klimawandel-hat-Euro-
pa-schon-einmal-zerstoert.html

https://www.spiegel.de/spiegelgeschichte/papst-urban-ii-rief-zum-kreuzzug-gegen-
die-muslime-auf-a-847261.html

https://www.welt.de/geschichte/article248450176/14-Jahrhundert-Als-es-mit-Euro-
pa-so-richtig-bergab-ging.html

https://www.welt.de/kultur/history/article12829542/Der-beruehmte-Satz-den-Galilei-nie-sagte.html

https://www.diepresse.com/17824423/am-absteigenden-ast-zum-scheitern-verurteilt-was-die-welt-von-europa-haelt

https://www.msn.com/de-at/nachrichten/other/afrikanische-staaten-wollen-reparationen-f%C3%BCr-sklaverei/ar-AA1jXmRO?ocid=msedgdhp&pc=NMTS&cvid=47e-83dec41fe4045a2dbde2f53d6b75b&ei=32

https://www.britannica.com/topic/iron-law-of-oligarchy

https://oe1.orf.at/programm/20231120/739972/Erziehungsirrtuemer-oder-Was-brauchen-Kinder-wirklich

https://www.getabstract.com/de/zusammenfassung/vom-geist-der-gesetze/20522

https://www.btg-bestellservice.de/pdf/20264000.pdf

https://www.sefaria.org/Bava_Kamma.93a.6?ven=Talmud_Bavli._German_trans._by_Lazarus_Goldschmidt,_1929_[de]&vhe=Wikisource_Talmud_Bavli&lang=bi&with=all&lang2=en